Psikologi Cinta dan Hubungan

Dayat Suryana

Published by Dayat Suryana Independent, 2026.

PSIKOLOGI CINTA DAN HUBUNGAN

First edition. March 9, 2026.

ISBN: 979-8233723957

Written by Dayat Suryana.

Table of Contents

Kata Pengantar

Selamat datang di Psikologi Cinta dan Hubungan, sebuah buku yang lahir dari ketertarikan mendalam terhadap **perilaku manusia, dinamika hubungan interpersonal, dan pencarian kebahagiaan yang autentik**. Buku ini hadir untuk membantu pembaca memahami diri sendiri, memahami orang lain, serta membangun hubungan yang sehat dan bermakna dalam berbagai konteks kehidupan.

Hubungan manusia, baik dengan pasangan, keluarga, teman, maupun rekan kerja, merupakan salah satu aspek paling penting yang memengaruhi kualitas hidup kita. Namun, memahami dinamika hubungan sering kali terasa rumit. Kita menghadapi konflik, perbedaan nilai, emosi yang tak terduga, serta tekanan dari lingkungan sosial dan pekerjaan. Buku ini mencoba menawarkan **panduan berbasis psikologi populer** yang dapat diterapkan dalam kehidupan nyata, bukan hanya teori yang abstrak.

Dalam buku ini, pembaca akan diajak menjelajahi lima segmen utama:

1. **Pengantar psikologi dan pola pikir manusia**. Memahami diri sendiri adalah fondasi hubungan yang sehat. Bab-bab awal membahas kesadaran diri, pola pikir, persepsi, motivasi, dan nilai-nilai pribadi, sehingga pembaca mampu menavigasi kehidupan dengan pemahaman yang lebih dalam tentang diri mereka sendiri;
2. **Emosi, stres, dan kebiasaan berpikir** Kita tidak bisa lepas dari emosi. Bagian ini membahas bagaimana emosi memengaruhi perilaku, cara mengelola stres, serta bagaimana membangun kebiasaan berpikir yang positif. Pembaca akan belajar teknik praktis seperti mindfulness, cognitive restructuring, dan penguatan emosi positif;
3. **Hubungan interpersonal dan konflik** Hubungan yang sehat tidak berarti bebas dari konflik. Di segmen ini, pembaca akan

mempelajari strategi komunikasi efektif, manajemen konflik, membangun ikatan emosional, serta memperkuat hubungan jangka panjang dengan empati dan dukungan emosional;

4. **Psikologi kebahagiaan dan kesadaran diri**. Kebahagiaan tidak muncul begitu saja; ia merupakan hasil dari kesadaran diri, pengelolaan emosi, hubungan sehat, dan aktivitas bermakna. Bab-bab ini membahas konsep psikologi positif, self-compassion, resilience, dan teknik praktis untuk meningkatkan kualitas hidup;
5. **Refleksi dan strategi keseimbangan hidup**. Segmen terakhir menekankan integrasi semua konsep sebelumnya. Pembaca akan dibekali strategi praktis untuk menjaga keseimbangan hidup, membangun ketahanan psikologis, dan menjalani kehidupan yang harmonis, produktif, dan memuaskan.

Buku ini ditulis dengan bahasa ringan, disertai contoh nyata, serta menggabungkan teori psikologi populer dengan strategi praktis. Tujuan utamanya adalah **membantu pembaca tidak hanya memahami diri sendiri, tetapi juga berinteraksi dengan orang lain secara sehat dan bermakna**.

Saya berharap buku ini menjadi teman perjalanan pembaca dalam mengeksplorasi emosi, memperkuat hubungan, dan membangun kehidupan yang lebih bahagia dan seimbang. Semoga setiap bab memberikan wawasan yang berharga dan dapat diterapkan secara langsung dalam kehidupan sehari-hari.

Akhir kata, saya mengucapkan terima kasih kepada semua pembaca yang memilih buku ini. Semoga ilmu yang dibagikan di dalamnya membawa manfaat, inspirasi, dan perubahan positif dalam kehidupan pribadi maupun hubungan Anda dengan orang lain.

Selamat membaca, merenung, dan menerapkan!

9 Maret 2026

Dayat Suryana

Pendahuluan

Cinta dan hubungan merupakan pengalaman universal manusia. Sejak lahir, manusia sudah terhubung dengan orang lain: orang tua, keluarga, teman, dan akhirnya pasangan hidup. Kebutuhan untuk dicintai, diterima, dan merasa memiliki ikatan emosional adalah bagian dari naluri dasar manusia. Namun, pengalaman cinta dan hubungan sering kali tidak semudah yang kita bayangkan. Konflik, perbedaan nilai, emosi yang rumit, dan stres sehari-hari dapat menjadi hambatan dalam membangun hubungan yang sehat dan memuaskan.

Buku ini lahir dari keinginan untuk membantu pembaca memahami **psikologi di balik hubungan dan cinta**, serta bagaimana mengelola diri sendiri agar mampu membina hubungan yang harmonis. Banyak orang mencoba memahami cinta dari perspektif romantis semata, tanpa menyadari bahwa cinta yang sehat juga membutuhkan pemahaman diri, pengelolaan emosi, dan keterampilan interpersonal yang matang. Pendahuluan ini akan membahas **tujuan buku, pendekatan psikologi yang digunakan, struktur buku, dan manfaat praktis yang akan diperoleh pembaca**.

Mengapa Memahami Psikologi Cinta dan Hubungan itu Penting

Cinta dan hubungan bukan hanya tentang perasaan romantis atau hubungan intim. Hubungan mencakup seluruh interaksi manusia, dengan keluarga, teman, rekan kerja, dan komunitas. Psikologi cinta dan hubungan mempelajari bagaimana manusia membentuk ikatan emosional, bagaimana mereka berinteraksi, serta faktor-faktor yang memengaruhi kepuasan, konflik, dan stabilitas hubungan.

Beberapa alasan mengapa memahami psikologi cinta dan hubungan penting antara lain:

1. **Mengurangi konflik dan kesalahpahaman**. Banyak konflik

dalam hubungan muncul karena kurangnya pemahaman tentang diri sendiri dan orang lain. Misalnya, perbedaan pola pikir, bahasa cinta, atau gaya komunikasi bisa menimbulkan kesalahpahaman. Dengan memahami prinsip psikologi, kita dapat membaca sinyal emosional dan menyikapi perbedaan secara konstruktif;

2. **Meningkatkan kualitas hubungan**
   Pengetahuan psikologi dapat membantu kita membangun ikatan yang lebih kuat, empati, dan komunikasi yang efektif. Hubungan yang sehat meningkatkan kebahagiaan, mengurangi stres, dan memberikan dukungan emosional yang dibutuhkan dalam kehidupan;
3. **Mendukung pertumbuhan pribadi**
   Memahami diri sendiri, emosi, pola pikir, motivasi, dan nilai pribadi, merupakan fondasi untuk hubungan yang sehat. Orang yang memahami dirinya cenderung lebih sabar, fleksibel, dan mampu menghadapi konflik tanpa merusak hubungan;
4. **Menjadi lebih resilient menghadapi tantangan**. Hubungan tidak selalu mulus. Stres, konflik, kehilangan, atau perubahan hidup bisa menguji kekuatan ikatan. Psikologi membantu kita mengembangkan ketahanan (resilience) untuk tetap menjaga hubungan tetap sehat dan bermakna.

Pendekatan Buku ini

Buku ini menggunakan pendekatan **psikologi populer yang mudah dipahami**, namun tetap berdasarkan penelitian ilmiah dan teori yang terbukti. Tujuan utama adalah memberikan pembaca **alat praktis untuk memahami diri dan orang lain, serta membangun hubungan yang sehat**. Beberapa prinsip pendekatan buku ini meliputi:

1. **Teori dikombinasikan dengan praktik nyata**. Setiap konsep

psikologi dibahas dengan contoh konkret dari kehidupan sehari-hari, seperti konflik pasangan, hubungan kerja, atau persahabatan. Contoh ini membantu pembaca melihat penerapan konsep secara langsung;

2. **Bahasa ringan dan mudah dipahami** Psikologi sering kali terdengar kompleks atau akademik. Buku ini menekankan penyampaian yang sederhana, sehingga pembaca dari berbagai latar belakang bisa memahaminya;
3. **Fokus pada pengembangan diri dan hubungan**. Buku ini tidak hanya membahas teori, tetapi juga menekankan **strategi praktis**, seperti mindfulness, komunikasi efektif, pengelolaan emosi, dan refleksi diri, agar pembaca bisa menerapkannya langsung;
4. **Integrasi aspek emosi, kognisi, dan perilaku**. Hubungan manusia dipengaruhi oleh pikiran, perasaan, dan tindakan. Buku ini membahas ketiga aspek tersebut secara terpadu, sehingga pembaca dapat memahami **hubungan dari perspektif psikologi holistik**.

Struktur Buku

Buku ini dibagi menjadi **25 bab**, dikelompokkan menjadi lima segmen utama agar pembaca bisa belajar secara bertahap:

1. **Pengantar psikologi dan pola pikir manusia (Bab 1–5)**
   - Membahas dasar psikologi, kesadaran diri, pola pikir, motivasi, persepsi, dan nilai pribadi;
   - Tujuan: membangun fondasi pemahaman diri sebagai langkah pertama dalam membina hubungan yang sehat.
2. **Emosi, stres, dan kebiasaan berpikir (Bab 6–10)**
   - Fokus pada pengelolaan emosi, stres, pola pikir negatif, dan penguatan emosi positif;

    - Teknik praktis seperti mindfulness, cognitive restructuring, dan latihan flow dibahas di sini.
3. **Hubungan interpersonal dan konflik (Bab 11–15)**
    - Membahas komunikasi, ikatan emosional, manajemen konflik, dan hubungan jangka panjang;
    - Tujuan: membantu pembaca membangun hubungan harmonis dan menghadapi konflik secara konstruktif.
4. **Psikologi kebahagiaan dan kesadaran diri (Bab 16–20)**
    - Fokus pada kebahagiaan jangka panjang, self-compassion, resilience, dan integrasi kehidupan yang bermakna;
    - Pembaca belajar bagaimana menggabungkan kesejahteraan pribadi dengan hubungan yang sehat.
5. **Refleksi dan strategi keseimbangan hidup (Bab 21–25)**
    - Memberikan strategi praktis untuk menjaga keseimbangan hidup, membangun ketahanan, dan menjalani kehidupan yang harmonis;
    - Bab-bab ini menyatukan semua konsep sebelumnya dan menawarkan panduan konkret untuk diterapkan sehari-hari.

Manfaat Membaca Buku ini

Dengan membaca buku ini, pembaca diharapkan dapat:

1. **Memahami diri secara lebih dalam**. Mengetahui emosi, pola pikir, motivasi, dan nilai diri sendiri membantu pengambilan keputusan yang lebih bijaksana dalam hubungan;
2. **Meningkatkan keterampilan komunikasi**. Buku ini memberikan strategi komunikasi efektif, seperti active listening, I-statements, dan feedback konstruktif, untuk mengurangi konflik dan meningkatkan pemahaman;

3. **Mengelola emosi dan stres**. Teknik praktis untuk mengelola emosi negatif, stres, dan kecemasan membantu pembaca tetap tenang dan bijak dalam menghadapi tantangan hidup;
4. **Membangun hubungan yang sehat dan kuat**. Konsep tentang ikatan emosional, dukungan sosial, dan strategi memperkuat hubungan membantu pembaca menciptakan hubungan harmonis dan bermakna;
5. **Mengembangkan ketahanan psikologis**. Resilience dan fleksibilitas mental memungkinkan pembaca menghadapi perubahan dan kesulitan tanpa kehilangan keseimbangan hidup;
6. **Menemukan kebahagiaan dan makna hidup**. Dengan menggabungkan kesejahteraan pribadi, hubungan yang sehat, dan aktivitas bermakna, pembaca dapat meraih kehidupan yang lebih memuaskan dan bahagia.

Prinsip Utama yang Dibahas dalam Buku

Beberapa prinsip utama yang menjadi benang merah buku ini antara lain:

1. **Kesadaran diri adalah fondasi hubungan**. Tanpa mengenal diri sendiri, sulit membangun hubungan yang sehat. Kesadaran diri mencakup pengenalan emosi, nilai, tujuan, dan pola pikir;
2. **Emosi adalah sinyal, bukan hambatan**. Emosi memberi informasi penting tentang kebutuhan dan nilai diri. Mengelola emosi dengan bijak meningkatkan kualitas interaksi sosial;
3. **Hubungan membutuhkan komunikasi dan empati**. Konflik akan selalu muncul, tetapi dengan komunikasi yang efektif dan empati, hubungan dapat bertahan dan berkembang;
4. **Kebahagiaan berasal dari integrasi diri dan hubungan**.

Kesejahteraan pribadi dan kualitas hubungan saling memengaruhi. Kebahagiaan jangka panjang memerlukan keseimbangan keduanya;

5. **Refleksi dan adaptasi adalah kunci keberlanjutan.** Hubungan dan kehidupan yang sehat memerlukan evaluasi rutin, fleksibilitas, dan adaptasi terhadap perubahan.

Metodologi Praktis Buku ini

Buku ini bukan hanya teori. Setiap bab menghadirkan **strategi praktis yang bisa langsung diterapkan**, seperti:

- Jurnal harian untuk refleksi emosi dan perilaku;
- Teknik mindfulness dan pernapasan untuk pengelolaan stres;
- Latihan komunikasi efektif untuk hubungan interpersonal;
- Evaluasi nilai dan tujuan hidup untuk kebahagiaan jangka panjang;
- Strategi coping untuk resilience dan adaptasi.

Dengan latihan-latihan praktis ini, pembaca dapat **menginternalisasi konsep psikologi** dan melihat hasil nyata dalam kehidupan sehari-hari.

Penutup Pendahuluan

Pendahuluan ini menekankan bahwa **memahami psikologi cinta dan hubungan bukan sekadar teori**, melainkan **panduan hidup**. Hubungan yang sehat dan kebahagiaan jangka panjang adalah hasil proses berkelanjutan: refleksi diri, pengelolaan emosi, komunikasi yang baik, aktivitas bermakna, dan ketahanan psikologis.

Buku ini disusun agar pembaca dari berbagai latar belakang bisa memahami konsep psikologi dengan mudah, sekaligus menerapkannya untuk **membangun hubungan yang lebih harmonis, memuaskan, dan bahagia**. Setiap bab akan menuntun pembaca untuk memahami diri sendiri, menghadapi konflik, memperkuat hubungan, dan menemukan kebahagiaan serta keseimbangan hidup.

Selamat membaca. Semoga buku ini menjadi panduan yang berharga dalam perjalanan Anda menuju **hubungan yang sehat, kehidupan yang bermakna, dan kebahagiaan yang berkelanjutan**.

Bab 1

Mengapa Kita Mencintai: Pengantar Psikologi Cinta dan Hubungan

Pendahuluan: Cinta Bukan Sekadar Perasaan

Setiap manusia hampir pasti pernah merasakan cinta, entah itu cinta kepada pasangan, keluarga, sahabat, atau bahkan kepada dirinya sendiri. Cinta sering dianggap sebagai sesuatu yang "alami", mengalir begitu saja tanpa perlu dipahami. Namun ketika cinta membawa kebahagiaan, kita jarang bertanya. Sebaliknya, saat cinta menimbulkan luka, konflik, atau kebingungan, barulah kita mulai bertanya: mengapa ini terjadi?

Di sinilah psikologi berperan.

Psikologi tidak bertujuan menghilangkan keajaiban cinta, tetapi membantu kita **memahami pola-pola di baliknya**. Mengapa kita tertarik pada tipe orang tertentu? Mengapa konflik yang sama terus berulang? Mengapa sebagian orang merasa mudah mencintai, sementara yang lain justru takut membuka diri?

Bab ini akan menjadi fondasi untuk seluruh pembahasan dalam buku ini. Kita akan mulai dari pemahaman paling dasar tentang **psikologi manusia**, bagaimana pikiran bekerja, dan bagaimana semua itu memengaruhi cara kita mencintai dan menjalin hubungan.

Apa Itu Psikologi dalam Konteks Hubungan?

Secara sederhana, psikologi adalah ilmu yang mempelajari **perilaku, pikiran, dan emosi manusia**. Dalam konteks hubungan dan cinta, psikologi membantu kita memahami:

- Cara manusia membentuk ikatan emosional;

- Pola pikir yang memengaruhi pilihan pasangan;
- Respons emosional terhadap konflik dan penolakan;
- Cara pengalaman masa lalu membentuk hubungan saat ini.

Hubungan bukan hanya pertemuan dua hati, tetapi juga **pertemuan dua sistem psikologis**, dua latar belakang, dua cara berpikir, dua cara memaknai dunia.

Ketika dua orang berkonflik, sering kali yang bertabrakan bukan hanya pendapat, tetapi:

- Nilai hidup;
- Kebutuhan emosional;
- Luka masa lalu;
- Pola bertahan hidup yang terbentuk sejak kecil.

Dengan memahami psikologi, kita belajar melihat hubungan **bukan sebagai medan perang antara benar dan salah**, melainkan sebagai proses saling memahami.

Manusia sebagai Makhluk Relasional

Sejak lahir, manusia sudah bergantung pada orang lain. Bayi tidak bisa bertahan hidup tanpa kehadiran orang dewasa. Ketergantungan awal ini membentuk kebutuhan dasar manusia akan **koneksi, kedekatan, dan rasa aman**.

Psikolog terkenal Abraham Maslow menempatkan kebutuhan akan cinta dan rasa memiliki sebagai salah satu kebutuhan utama manusia, setelah kebutuhan fisik dan rasa aman terpenuhi. Artinya, kebutuhan untuk dicintai bukanlah kelemahan, itu adalah **bagian dari kodrat manusia**.

Namun, cara setiap orang mencari dan mempertahankan hubungan bisa sangat berbeda. Perbedaan ini dipengaruhi oleh:

- Pola asuh;
- Pengalaman masa kecil;
- Budaya;
- Trauma atau pengalaman emosional penting.

Pola Pikir: Fondasi dari Setiap Hubungan

Sebelum membahas cinta lebih jauh, kita perlu memahami satu konsep penting dalam psikologi: **pola pikir (mindset)**.

Pola pikir adalah cara kita:

- Menafsirkan peristiwa;
- Memandang diri sendiri;
- Memaknai perilaku orang lain.

Dalam hubungan, pola pikir menentukan:

- Apakah kita mudah percaya atau curiga;
- Apakah kita melihat konflik sebagai ancaman atau kesempatan tumbuh;
- Apakah kita merasa layak dicintai atau selalu takut ditinggalkan.

Contoh Nyata

Dua orang mengalami situasi yang sama: pesan mereka tidak dibalas pasangan selama beberapa jam.

- **Orang pertama berpikir:** "Mungkin dia sedang sibuk. Aku akan menunggu."
- **Orang kedua berpikir:** "Dia pasti sudah bosan. Aku pasti tidak cukup penting."

Situasinya sama, tetapi **respons emosionalnya sangat berbeda**. Inilah kekuatan pola pikir.

Pengaruh Pengalaman Masa Lalu terhadap Cinta

Psikologi menunjukkan bahwa hubungan kita di masa dewasa sering kali merupakan "kelanjutan" dari pola yang terbentuk sejak kecil.

Jika seseorang tumbuh dalam lingkungan:

- Penuh kehangatan dan dukungan → cenderung nyaman dengan kedekatan;
- Penuh kritik atau pengabaian → cenderung takut ditolak atau terlalu bergantung.

Teori Attachment (kelekatan) menjelaskan bahwa ada beberapa gaya keterikatan utama:

- Secure (aman);
- Anxious (cemas);
- Avoidant (menghindar);
- Fearful-avoidant (takut tapi butuh).

Bab-bab selanjutnya akan membahas ini lebih dalam, tetapi di sini penting dipahami bahwa **banyak konflik hubungan bukan karena kurang cinta, melainkan karena pola keterikatan yang berbeda**.

Cinta dan Ilusi Kesempurnaan

Budaya populer sering menggambarkan cinta sebagai sesuatu yang sempurna: tanpa konflik, selalu romantis, dan penuh kebahagiaan. Film, novel, dan media sosial memperkuat gambaran ini.

Psikologi justru menunjukkan hal sebaliknya:

- Hubungan sehat **pasti mengalami konflik;**
- Perbedaan adalah keniscayaan;
- Cinta bukan perasaan statis, melainkan proses dinamis.

Ketika seseorang percaya bahwa cinta sejati tidak boleh menyakitkan, mereka cenderung:

- Menghindari konflik penting;
- Memendam emosi;
- Atau mudah menyerah saat masalah muncul.

Memahami psikologi membantu kita membedakan antara:

- Konflik yang merusak;
- Dan konflik yang justru memperkuat hubungan.

Mengapa Kita Sering Mengulang Pola yang Sama?

Pernah bertanya mengapa seseorang sering:

- Tertarik pada tipe pasangan yang mirip;
- Mengalami masalah yang hampir sama di setiap hubungan;
- Merasa "nasib cinta"-nya selalu buruk.

Dalam psikologi, ini dikenal sebagai **repetisi pola**. Otak manusia cenderung mencari hal yang familiar, meskipun familiar itu menyakitkan.

Contohnya: Seseorang yang tumbuh dengan figur orang tua yang emosionalnya tidak tersedia, bisa saja secara tidak sadar tertarik pada pasangan yang dingin atau sulit dijangkau. Bukan karena itu sehat, tetapi karena itu **terasa dikenal**.

Kesadaran akan pola ini adalah langkah awal untuk perubahan.

Kesadaran Diri sebagai Kunci Hubungan Sehat

Jika ada satu keterampilan psikologis paling penting dalam cinta, itu adalah **kesadaran diri**.

Kesadaran diri berarti:

- Mengenali emosi sendiri;
- Memahami kebutuhan pribadi;
- Menyadari reaksi otomatis dalam hubungan.

Tanpa kesadaran diri:

- Kita mudah menyalahkan pasangan;
- Sulit bertanggung jawab atas emosi sendiri;
- Terjebak dalam drama yang berulang.

Dengan kesadaran diri:

- Kita bisa berkomunikasi lebih jujur;
- Menetapkan batasan yang sehat;
- Dan membangun hubungan yang lebih dewasa.

Tujuan Buku Ini: Lebih dari Sekadar Hubungan Romantis

Walaupun judul buku ini berbicara tentang cinta dan hubungan, tujuan utamanya bukan hanya membantu pembaca mendapatkan pasangan atau mempertahankan hubungan romantis.

Buku ini bertujuan untuk membantu pembaca:

- Memahami diri sendiri lebih dalam;
- Membangun hubungan yang sehat dengan orang lain;
- Mengelola emosi dan konflik secara dewasa;
- Dan pada akhirnya, membangun kehidupan yang seimbang.

Cinta yang sehat selalu berawal dari **hubungan dengan diri sendiri**.

Penutup

Bab ini adalah pintu masuk menuju perjalanan panjang memahami psikologi cinta dan hubungan. Kita belum membahas teknik komunikasi atau cara menyelesaikan konflik secara detail, semua itu akan datang di bab-bab berikutnya.

Untuk saat ini, satu hal penting untuk diingat:

Hubungan yang sehat bukan tentang menemukan orang yang sempurna, tetapi tentang memahami diri dan orang lain dengan lebih manusiawi.

Di bab selanjutnya, kita akan mulai menggali **bagaimana pikiran manusia bekerja**, bagaimana persepsi terbentuk, dan bagaimana semua itu memengaruhi cara kita mencintai dan dicintai.

Bab 2

Cara Pikiran Bekerja: Persepsi, Keyakinan, dan Realitas Hubungan

Pendahuluan: Kita Tidak Melihat Dunia Apa Adanya

Banyak orang percaya bahwa mereka melihat dunia secara objektif. Kita merasa apa yang kita lihat, dengar, dan rasakan adalah kebenaran. Namun psikologi menunjukkan sesuatu yang mengejutkan: **manusia tidak bereaksi terhadap realitas, melainkan terhadap persepsinya tentang realitas**.

Dalam hubungan, hal ini menjadi sangat penting. Dua orang bisa berada dalam situasi yang sama, mengalami kejadian yang sama, tetapi memaknainya dengan cara yang sangat berbeda. Perbedaan inilah yang sering menjadi akar dari konflik, kesalahpahaman, dan luka emosional.

Bab ini akan mengajak pembaca memahami bagaimana pikiran manusia bekerja, bagaimana persepsi terbentuk, serta bagaimana keyakinan, baik yang disadari maupun tidak, membentuk cara kita mencintai dan berhubungan dengan orang lain.

Pikiran sebagai Penyaring Realitas

Otak manusia menerima jutaan informasi setiap detik. Namun, tidak semua informasi tersebut kita sadari. Pikiran kita bertindak seperti **filter**, memilih mana yang dianggap penting dan mana yang diabaikan.

Filter ini dipengaruhi oleh:

- Pengalaman masa lalu;
- Nilai dan kepercayaan;
- Emosi yang sedang dirasakan;

- Harapan dan ketakutan.

Dalam hubungan, filter ini menentukan:

- Apa yang kita perhatikan dari pasangan;
- Bagaimana kita menafsirkan kata-kata mereka;
- Apakah kita merasa aman atau terancam.

Contoh Nyata
Pasangan berkata, "Aku butuh waktu sendiri malam ini."

- Seseorang dengan persepsi sehat mungkin berpikir: "Dia lelah dan butuh ruang."
- Seseorang dengan persepsi penuh ketakutan bisa berpikir: "Dia menjauh. Aku tidak lagi penting."

Kalimatnya sama, maknanya berbeda. Yang berbeda bukan realitasnya, tetapi **cara pikiran menyaringnya**.

Persepsi Dibentuk Sejak Dini

Psikologi perkembangan menunjukkan bahwa cara kita memandang dunia mulai terbentuk sejak masa kanak-kanak. Cara orang tua atau pengasuh merespons emosi kita saat kecil akan memengaruhi bagaimana kita:

- Memandang diri sendiri;
- Memandang orang lain;
- Memaknai hubungan.

Jika seorang anak sering diabaikan saat sedih, ia bisa tumbuh dengan keyakinan bahwa emosinya tidak penting. Sebaliknya, jika emosinya diterima dan dipahami, ia belajar bahwa hubungan adalah tempat yang aman.

Persepsi ini kemudian terbawa ke hubungan dewasa, sering kali tanpa disadari.

Keyakinan Inti: Cerita yang Kita Percaya Tentang Diri dan Cinta

Dalam psikologi, terdapat konsep **keyakinan inti (core beliefs)**, yaitu pandangan mendasar tentang diri sendiri, orang lain, dan dunia.

Beberapa contoh keyakinan inti dalam hubungan:

- "Aku tidak cukup baik."
- "Cinta selalu berakhir dengan luka."
- "Jika aku terlalu dekat, aku akan ditinggalkan."
- "Aku harus sempurna agar dicintai."

Keyakinan ini tidak selalu benar, tetapi **terasa benar** karena terbentuk dari pengalaman emosional yang kuat.

Masalahnya, keyakinan inti ini sering beroperasi secara otomatis, memengaruhi:

- Pilihan pasangan;
- Cara berkomunikasi;
- Reaksi terhadap konflik.

Self-Fulfilling Prophecy dalam Hubungan

Salah satu konsep penting dalam psikologi adalah **self-fulfilling prophecy**, keyakinan yang akhirnya menjadi kenyataan karena cara kita bertindak berdasarkan keyakinan tersebut.

Contohnya: Seseorang percaya bahwa ia pasti akan ditinggalkan. Karena keyakinan itu:

- Ia menjadi posesif;
- Sering curiga;

- Sulit percaya.

Pasangan merasa tertekan dan akhirnya benar-benar menjauh. Keyakinan awal pun terasa “terbukti”, padahal sebenarnya **keyakinan itulah yang memicu kejadian tersebut**.

Dalam hubungan, banyak luka bukan berasal dari niat buruk, tetapi dari keyakinan yang tidak disadari.

Bias Kognitif: Kesalahan Berpikir yang Umum Terjadi

Pikiran manusia tidak selalu rasional. Psikologi kognitif menunjukkan bahwa kita sering terjebak dalam **bias kognitif**, yaitu pola pikir keliru yang terasa masuk akal.

Beberapa bias yang sering muncul dalam hubungan:

1. **Mind Reading.** Menganggap kita tahu apa yang dipikirkan pasangan tanpa bertanya. “Dia pasti marah.”
2. **Catastrophizing.** Membayangkan skenario terburuk dari kejadian kecil. “Dia lupa membalas pesan, hubungan ini pasti hancur.”
3. **Confirmation Bias.** Hanya memperhatikan hal yang menguatkan keyakinan kita. “Dia selalu egois,” lalu hanya mengingat kejadian yang mendukung itu.
4. **Personalization.** Menganggap semua hal berkaitan dengan diri kita. “Dia murung hari ini, pasti karena aku.”

Bias-bias ini membuat hubungan terasa lebih rumit dan melelahkan dari yang seharusnya.

Emosi dan Pikiran: Hubungan Dua Arah

Sering kali kita berpikir bahwa emosi muncul begitu saja. Namun psikologi menunjukkan bahwa emosi sangat dipengaruhi oleh **cara kita berpikir**.

Peristiwa → Pikiran → Emosi → Respons

Jika pikiran kita negatif, emosi yang muncul cenderung negatif pula. Dalam hubungan, ini berarti:

- Pikiran curiga memicu kecemasan;
- Pikiran menyalahkan memicu kemarahan;
- Pikiran tidak berharga memicu rasa rendah diri.

Namun kabar baiknya, karena pikiran dapat dipelajari dan diubah, **respons emosional kita pun bisa berubah**.

Mengapa Kita Sulit Melihat Sudut Pandang Pasangan

Saat emosi memuncak, bagian otak yang bertugas berpikir rasional cenderung "melemah". Kita masuk ke mode bertahan hidup: menyerang, membela diri, atau menghindar.

Dalam kondisi ini:

- Empati menurun;
- Kita merasa "paling benar";
- Sudut pandang pasangan terasa mengancam.

Inilah alasan mengapa banyak konflik membesar hanya karena:

- Nada bicara;
- Kata yang sebenarnya tidak bermaksud menyakiti;
- Salah tafsir yang tidak diklarifikasi.

Memahami mekanisme ini membantu kita **tidak bereaksi berlebihan** dan memberi ruang untuk dialog yang lebih sehat.

Persepsi Diri: Cara Kita Melihat Diri Sendiri dalam Hubungan

Cara kita mempersepsikan diri sendiri sangat memengaruhi hubungan. Orang yang memiliki citra diri negatif cenderung:

- Merasa tidak layak dicintai;
- Sulit menerima kasih sayang;
- Takut ditinggalkan.

Sebaliknya, citra diri yang sehat membuat seseorang:

- Lebih stabil secara emosional;
- Tidak bergantung berlebihan;
- Mampu mencintai tanpa kehilangan diri.

Hubungan yang sehat bukan hanya tentang menemukan pasangan yang tepat, tetapi juga tentang **menjadi versi diri yang utuh**.

Kesadaran sebagai Titik Awal Perubahan

Psikologi tidak menuntut kita langsung mengubah semua pola pikir. Langkah pertama yang paling penting adalah **menyadari**.

Menyadari:

- Pikiran otomatis yang muncul;
- Keyakinan lama yang masih dipegang;
- Reaksi emosional yang berulang.

Dengan kesadaran, kita bisa bertanya:

- "Apakah ini fakta atau hanya persepsiku?"
- "Apakah ada cara lain memandang situasi ini?"

Pertanyaan sederhana ini bisa mengubah dinamika hubungan secara drastis.

Latihan Refleksi untuk Pembaca

Untuk membantu pembaca mulai memahami pola pikirnya, berikut refleksi sederhana:

1. Situasi apa dalam hubungan yang paling sering memicu emosi kuat?
2. Pikiran apa yang biasanya muncul saat itu?
3. Apakah pikiran tersebut selalu benar?
4. Dari mana kemungkinan keyakinan itu berasal?

Refleksi ini bukan untuk menyalahkan diri sendiri, tetapi untuk **mengenali pola**.

Penutup

Hubungan sering kali terasa rumit bukan karena orang lain terlalu sulit, tetapi karena pikiran kita sendiri penuh dengan asumsi, ketakutan, dan cerita lama.

Dengan memahami cara pikiran bekerja, kita belajar bahwa:

- Tidak semua yang kita pikirkan adalah kebenaran;
- Persepsi bisa diubah;
- Dan hubungan bisa membaik ketika cara memandang ikut berubah.

Bab berikutnya akan membawa kita lebih dalam ke **pola pikir tetap dan pola pikir berkembang**, serta bagaimana cara berpikir ini memengaruhi kemampuan kita membangun hubungan yang sehat dan bertahan lama.

Bab 3

Pola Pikir dan Kepribadian: Mengapa Kita Mencintai dengan Cara yang Berbeda

Pendahuluan: Tidak Semua Orang Mencintai dengan Cara yang Sama

Pernahkah kamu bertanya mengapa dalam hubungan ada orang yang begitu ekspresif, sementara yang lain lebih tertutup? Mengapa sebagian orang mudah mengungkapkan perasaan, sedangkan yang lain justru canggung atau menghindar? Mengapa ada pasangan yang ingin selalu bersama, dan ada pula yang butuh banyak ruang pribadi?

Perbedaan ini sering disalahartikan sebagai kurang cinta atau ketidakcocokan. Padahal, dalam banyak kasus, perbedaan tersebut berasal dari **pola pikir dan kepribadian** yang berbeda.

Bab ini akan membantu pembaca memahami bahwa cara seseorang mencintai bukanlah kebetulan. Ia dibentuk oleh pola pikir, struktur kepribadian, pengalaman hidup, dan cara seseorang memaknai dunia. Dengan memahami hal ini, kita bisa berhenti menuntut pasangan untuk menjadi "seperti kita" dan mulai belajar **menerima perbedaan dengan lebih dewasa**.

Apa Itu Pola Pikir dan Mengapa Ia Penting dalam Hubungan

Pola pikir adalah cara tetap yang digunakan seseorang untuk memahami pengalaman, menafsirkan kejadian, dan merespons dunia di sekitarnya. Dalam hubungan, pola pikir menentukan:

- Bagaimana kita melihat konflik;

- Bagaimana kita memandang perubahan;
- Bagaimana kita menyikapi kekurangan diri dan pasangan.

Psikolog Carol Dweck memperkenalkan dua jenis pola pikir utama:

- Pola pikir tetap (fixed mindset);
- Pola pikir berkembang (growth mindset).

Walaupun awalnya dikembangkan dalam konteks pendidikan dan prestasi, konsep ini sangat relevan dalam hubungan.

Pola Pikir Tetap dalam Cinta dan Hubungan

Seseorang dengan pola pikir tetap cenderung percaya bahwa:

- Sifat manusia tidak banyak berubah;
- Hubungan yang "benar" seharusnya mudah;
- Konflik menandakan ketidakcocokan.

Dalam hubungan, pola pikir tetap bisa muncul dalam bentuk:

- "Dia memang orangnya begitu, tidak bisa berubah."
- "Kalau dia benar-benar mencintaiku, dia pasti mengerti tanpa aku jelaskan."
- "Hubungan ini rusak karena kita tidak cocok."

Orang dengan pola pikir ini sering merasa:

- Frustrasi saat menghadapi konflik;
- Kecewa ketika pasangan tidak sesuai harapan;
- Mudah menyerah pada hubungan.

Masalahnya bukan karena mereka tidak ingin bahagia, tetapi karena mereka **memandang hubungan sebagai sesuatu yang statis**, bukan proses yang bisa dipelajari.

Pola Pikir Berkembang: Melihat Hubungan sebagai Proses

Sebaliknya, pola pikir berkembang memandang bahwa:

- Manusia bisa belajar dan berubah;
- Konflik adalah bagian dari pertumbuhan;
- Hubungan membutuhkan usaha dan komunikasi.

Dalam hubungan, pola pikir berkembang terlihat dari kalimat seperti:

- "Kita bisa belajar memahami satu sama lain."
- "Konflik ini tidak menyenangkan, tapi bisa membuat kita lebih dewasa."
- "Aku dan kamu sama-sama belajar."

Orang dengan pola pikir berkembang:

- Lebih terbuka terhadap dialog;
- Tidak terlalu defensif saat dikritik;
- Lebih sabar menghadapi perbedaan.

Pola pikir ini bukan berarti hubungan selalu mudah, tetapi **lebih tahan terhadap tantangan**.

Kepribadian: Cetak Biru Cara Kita Berhubungan

Jika pola pikir adalah cara kita memandang dunia, maka kepribadian adalah **cara kita bereaksi terhadap dunia tersebut**.

Psikologi modern sering menggunakan model **Big Five Personality Traits**, yang terdiri dari:

1. Keterbukaan terhadap pengalaman;
2. Kehati-hatian (conscientiousness);
3. Ekstroversi;
4. Keramahan (agreeableness);
5. Neurotisisme.

Setiap orang memiliki kombinasi yang unik. Tidak ada yang "benar" atau "salah", tetapi perbedaan ini sangat memengaruhi dinamika hubungan.

Ekstrovert dan Introvert dalam Hubungan

Salah satu perbedaan kepribadian yang paling sering disalahpahami adalah introversi dan ekstroversi.

- **Ekstrovert** cenderung:
    - Mendapatkan energi dari interaksi sosial;
    - Mengekspresikan perasaan secara verbal;
    - Nyaman berbagi dan berdiskusi.
- **Introvert** cenderung:
    - Membutuhkan waktu sendiri untuk mengisi energi;
    - Memproses emosi secara internal;
    - Lebih berhati-hati dalam berbicara.

Konflik sering terjadi ketika:

- Ekstrovert merasa introvert terlalu dingin;

- Introvert merasa ekstrovert terlalu menuntut.

Padahal, perbedaan ini bukan masalah cinta, melainkan **cara berbeda dalam mengelola energi dan emosi**.

Neurotisisme dan Sensitivitas Emosional

Seseorang dengan tingkat neurotisisme tinggi cenderung:

- Lebih sensitif terhadap stres;
- Mudah cemas atau khawatir;
- Bereaksi kuat terhadap konflik.

Dalam hubungan, ini bisa terlihat sebagai:

- Kebutuhan akan kepastian yang tinggi;
- Ketakutan berlebihan akan penolakan;
- Respons emosional yang intens.

Tanpa pemahaman psikologis, pasangan bisa salah mengira ini sebagai drama atau kelemahan. Padahal, sering kali ini adalah **cara sistem saraf seseorang merespons dunia**.

Kepribadian Bukan Alasan untuk Menyakiti

Penting untuk ditegaskan: memahami kepribadian bukan berarti membenarkan perilaku yang menyakiti. Kalimat seperti:

- "Aku memang orangnya keras."
- "Aku memang tidak bisa menunjukkan emosi."

Sering digunakan sebagai tameng untuk menghindari tanggung jawab.

Psikologi membantu kita membedakan antara:

- Memahami diri;
- Dan membenarkan perilaku yang tidak sehat.

Kepribadian menjelaskan kecenderungan, bukan membebaskan dari tanggung jawab untuk bertumbuh.

Kecocokan: Mitos atau Realitas?

Banyak orang mencari "orang yang cocok". Namun psikologi menunjukkan bahwa kecocokan bukan hanya soal kemiripan, tetapi:

- Kesediaan untuk beradaptasi;
- Kemampuan berkomunikasi;
- Kematangan emosional.

Dua orang yang sangat mirip bisa saling menguatkan, tetapi juga bisa memperkuat sisi negatif satu sama lain. Sebaliknya, perbedaan bisa menjadi sumber konflik atau justru saling melengkapi.

Kuncinya bukan pada **siapa pasanganmu**, tetapi pada **bagaimana kalian menghadapi perbedaan**.

Mengubah Pola Pikir tentang Perbedaan

Banyak konflik hubungan muncul dari kalimat:

- "Kenapa kamu tidak bisa seperti aku?"

Kalimat ini menunjukkan ketidakmampuan menerima bahwa:

- Setiap orang memiliki latar belakang psikologis berbeda;
- Cara mencintai tidak selalu sama.

Dengan mengubah pola pikir menjadi:

- "Kita berbeda, dan kita bisa belajar."

Hubungan menjadi ruang pertumbuhan, bukan ajang pembuktian.

Refleksi Diri: Mengenali Pola Pribadi

Untuk membantu pembaca mengenali pola pikir dan kepribadiannya, berikut pertanyaan reflektif:

1. Bagaimana reaksimu saat konflik muncul? Menghindar, menyerang, atau berdialog?
2. Apakah kamu lebih membutuhkan kedekatan atau ruang pribadi?
3. Keyakinan apa tentang cinta yang paling sering muncul dalam pikiranmu?
4. Apakah kamu melihat hubungan sebagai sesuatu yang harus "sempurna", atau proses belajar bersama?

Tidak ada jawaban benar atau salah. Tujuan refleksi ini adalah **mengenal diri dengan jujur**.

Penutup

Hubungan sering gagal bukan karena kurang cinta, tetapi karena kurang pemahaman. Ketika kita memahami bahwa pola pikir dan kepribadian membentuk cara seseorang mencintai, kita berhenti menuntut pasangan untuk memenuhi semua harapan kita.

Sebaliknya, kita mulai bertanya:

- "Apa yang sebenarnya dia butuhkan?"
- "Apa yang bisa kupelajari dari perbedaan ini?"

Bab selanjutnya akan membahas **kebutuhan emosional manusia**, bagaimana kebutuhan ini terbentuk, dan bagaimana kebutuhan yang tidak terpenuhi sering kali menjadi sumber konflik tersembunyi dalam hubungan.

Bab 4

Kebutuhan Emosional Manusia: Akar Tersembunyi dari Cinta dan Konflik

Pendahuluan: Di Balik Setiap Konflik, Ada Kebutuhan

Banyak konflik dalam hubungan tampak di permukaan sebagai pertengkaran tentang hal-hal kecil: pesan yang tak dibalas, janji yang terlupakan, nada bicara yang terasa dingin, atau sikap yang dianggap tidak peduli. Namun jika kita menggali lebih dalam, konflik-konflik ini jarang sekali berdiri sendiri.

Di balik kemarahan, kekecewaan, atau diam yang berkepanjangan, hampir selalu ada **kebutuhan emosional yang tidak terpenuhi**.

Psikologi membantu kita memahami bahwa manusia tidak hanya membutuhkan makan, minum, dan tempat tinggal. Kita juga memiliki kebutuhan emosional yang sama nyatanya—meskipun sering kali tidak terlihat dan tidak diungkapkan secara langsung.

Bab ini akan membahas apa itu kebutuhan emosional, bagaimana kebutuhan tersebut terbentuk, mengapa setiap orang memiliki kebutuhan yang berbeda, dan bagaimana kebutuhan yang tidak terpenuhi dapat memengaruhi cara kita mencintai dan berhubungan dengan orang lain.

Apa Itu Kebutuhan Emosional?

Kebutuhan emosional adalah kebutuhan psikologis dasar yang berkaitan dengan perasaan aman, dihargai, diterima, dan terhubung dengan orang lain. Kebutuhan ini tidak selalu disadari, tetapi pengaruhnya sangat kuat terhadap:

- Suasana hati;
- Kelekatan emosional;
- Cara berkomunikasi;
- Cara merespons konflik.

Beberapa kebutuhan emosional utama antara lain:

- Kebutuhan akan rasa aman;
- Kebutuhan akan penerimaan;
- Kebutuhan akan dihargai;
- Kebutuhan akan kedekatan;
- Kebutuhan akan otonomi dan kebebasan;
- Kebutuhan akan kejelasan dan kepastian.

Setiap orang memiliki semua kebutuhan ini, tetapi **tingkat prioritasnya berbeda-beda.**

Mengapa Kebutuhan Emosional Sering Tidak Disadari

Salah satu alasan mengapa banyak hubungan bermasalah adalah karena kebutuhan emosional jarang diajarkan secara eksplisit. Sejak kecil, banyak orang belajar bahwa:

- Menunjukkan kebutuhan adalah tanda kelemahan;
- Meminta perhatian adalah sikap manja;
- Mengungkapkan perasaan bisa merepotkan orang lain.

Akibatnya, saat dewasa, banyak orang:

- Merasa kebutuhan emosionalnya tidak penting;
- Berharap pasangan "mengerti sendiri";
- Mengekspresikan kebutuhan melalui kemarahan atau diam.

Padahal, kebutuhan yang tidak disadari dan tidak diungkapkan cenderung **muncul dalam bentuk konflik**.

Kebutuhan Akan Rasa Aman: Fondasi Utama Hubungan

Rasa aman adalah kebutuhan emosional paling dasar dalam hubungan. Rasa aman bukan berarti tidak pernah ada konflik, tetapi perasaan bahwa:

- Kita tidak akan ditinggalkan begitu saja;
- Emosi kita diterima;
- Hubungan memiliki stabilitas.

Orang yang kebutuhan rasa amannya tinggi cenderung:

- Sensitif terhadap perubahan sikap pasangan;
- Mudah cemas saat komunikasi berkurang;
- Membutuhkan kepastian secara emosional.

Jika kebutuhan ini tidak terpenuhi, seseorang bisa:

- Menjadi posesif;
- Mudah curiga;
- Atau sebaliknya, menarik diri untuk melindungi diri sendiri.

Banyak konflik yang tampak sebagai "drama" sebenarnya adalah **teriakan diam-diam untuk merasa aman**.

Kebutuhan Akan Penerimaan: Ingin Dicintai Apa Adanya

Setiap manusia ingin diterima, bukan hanya saat berada dalam kondisi terbaik, tetapi juga saat rapuh, salah, dan tidak sempurna.

Kebutuhan akan penerimaan terlihat dari keinginan untuk:

- Didengarkan tanpa dihakimi;
- Diterima meskipun memiliki kekurangan;
- Merasa "cukup" di mata pasangan.

Jika seseorang merasa harus terus berubah agar dicintai, hubungan akan terasa melelahkan. Ia mungkin:

- Menyembunyikan sisi dirinya;
- Takut jujur;
- Atau merasa tidak pernah benar-benar dikenal.

Dalam jangka panjang, kurangnya penerimaan bisa menumbuhkan rasa:

- Tidak berharga;
- Marah yang terpendam;
- Atau kelelahan emosional.

Kebutuhan Akan Dihargai dan Diakui

Dihargai bukan hanya soal pujian besar atau hadiah mahal. Dalam psikologi hubungan, rasa dihargai sering muncul dari hal-hal sederhana:

- Didengarkan dengan penuh perhatian;
- Usahanya diakui;
- Pendapatnya dipertimbangkan.

Seseorang bisa merasa tidak dihargai meskipun pasangannya tidak pernah berniat merendahkan. Ketika kebutuhan ini tidak terpenuhi, reaksi yang muncul bisa berupa:

- Sarkasme;
- Menarik diri;

- Atau sikap defensif.

Banyak pertengkaran tentang hal sepele sebenarnya adalah **ekspresi dari kebutuhan untuk diakui.**

Kebutuhan Akan Kedekatan Emosional

Kedekatan emosional adalah perasaan terhubung secara batin, bukan hanya fisik. Ini mencakup:

- Berbagi perasaan;
- Merasa dimengerti;
- Memiliki ruang aman untuk menjadi diri sendiri.

Namun, tidak semua orang mengekspresikan kebutuhan kedekatan dengan cara yang sama. Ada yang:

- Ingin sering berbicara dan berbagi;
- Merasa dekat melalui aktivitas bersama;
- Atau menunjukkan kedekatan lewat tindakan, bukan kata-kata.

Masalah muncul ketika dua orang memiliki **bahasa kedekatan yang berbeda** dan tidak saling memahami.

Kebutuhan Akan Otonomi: Tetap Menjadi Diri Sendiri

Berlawanan dengan kebutuhan akan kedekatan, manusia juga memiliki kebutuhan akan otonomi—yaitu kebutuhan untuk:

- Memiliki ruang pribadi;
- Membuat keputusan sendiri;
- Tetap terhubung dengan identitas diri.

Hubungan yang terlalu melekat bisa membuat seseorang merasa:

- Terkekang;
- Kehilangan diri;
- Atau kelelahan emosional.

Orang dengan kebutuhan otonomi tinggi sering disalahpahami sebagai dingin atau tidak peduli. Padahal, mereka hanya membutuhkan ruang untuk bernapas agar bisa kembali hadir secara utuh dalam hubungan.

Hubungan sehat bukan tentang melebur sepenuhnya, tetapi **menemukan keseimbangan antara "kita" dan "aku"**.

Kebutuhan Akan Kejelasan dan Kepastian

Sebagian orang merasa tenang ketika hubungan memiliki kejelasan:

- Arah hubungan;
- Komitmen yang jelas;
- Komunikasi yang konsisten.

Ketidakpastian bisa memicu kecemasan, overthinking, dan konflik. Orang dengan kebutuhan ini sering:

- Banyak bertanya;
- Butuh penegasan;
- Merasa tidak nyaman dengan ambiguitas.

Sebaliknya, pasangan yang lebih santai bisa merasa tuntutan ini berlebihan. Tanpa pemahaman, perbedaan ini mudah berubah menjadi pertengkaran.

Ketika Kebutuhan Bertabrakan

Dalam hubungan, masalah bukan hanya soal kebutuhan yang tidak terpenuhi, tetapi juga ketika **kebutuhan dua orang saling bertabrakan**.

Contohnya:

- Satu pihak butuh kedekatan, yang lain butuh ruang;
- Satu pihak butuh kejelasan cepat, yang lain butuh waktu;
- Satu pihak butuh ekspresi emosi, yang lain lebih nyaman diam.

Tanpa kesadaran psikologis, perbedaan ini bisa ditafsirkan sebagai:

- Tidak peduli;
- Egois;
- Atau tidak cinta.

Padahal, yang terjadi adalah **perbedaan kebutuhan, bukan kurangnya perasaan**.

Cara Tidak Sehat Memenuhi Kebutuhan Emosional

Ketika kebutuhan emosional tidak terpenuhi secara sehat, manusia sering mencari jalan pintas, seperti:

- Mengontrol pasangan;
- Memanipulasi emosi;
- Memendam perasaan hingga meledak;
- Atau mencari pelarian di luar hubungan.

Cara-cara ini mungkin memberi kelegaan sesaat, tetapi merusak kepercayaan dan kedekatan jangka panjang.

Psikologi mengajarkan bahwa kebutuhan emosional **tidak salah**, yang perlu diperbaiki adalah **cara memenuhinya**.

Belajar Mengenali Kebutuhan Diri Sendiri

Banyak orang berharap pasangannya memahami kebutuhan mereka, padahal mereka sendiri belum sepenuhnya mengenalnya.

Mengenali kebutuhan emosional berarti berani bertanya:

- "Apa yang sebenarnya aku rasakan?"
- "Apa yang aku butuhkan saat ini?"
- "Apakah reaksiku sebanding dengan situasinya?"

Kesadaran ini membantu kita berkomunikasi dengan lebih jujur dan bertanggung jawab.

Mengomunikasikan Kebutuhan Tanpa Menyalahkan

Salah satu tantangan terbesar dalam hubungan adalah mengungkapkan kebutuhan tanpa terdengar menuntut atau menyalahkan.

Perbedaan besar antara:

- "Kamu tidak pernah peduli."
- dan "Aku merasa butuh lebih banyak perhatian akhir-akhir ini."

Kalimat kedua berfokus pada perasaan dan kebutuhan, bukan pada kesalahan pasangan. Komunikasi seperti ini membuka ruang dialog, bukan pertahanan diri.

Refleksi untuk Pembaca

Untuk membantu pembaca mengenali kebutuhan emosionalnya, luangkan waktu merenungkan pertanyaan berikut:

1. Dalam hubungan, hal apa yang paling sering membuatku terluka?
2. Kebutuhan apa yang mungkin belum terpenuhi di balik perasaan itu?
3. Bagaimana caraku biasanya mengekspresikan kebutuhan tersebut?
4. Apakah caraku tersebut membantu atau justru memperkeruh keadaan?

Refleksi ini adalah langkah awal menuju hubungan yang lebih sadar dan sehat.

Penutup

Banyak konflik hubungan bukan tentang siapa yang benar atau salah, melainkan tentang kebutuhan emosional yang tidak terdengar. Ketika kita belajar mengenali dan mengungkapkan kebutuhan dengan jujur, hubungan berubah dari medan pertarungan menjadi ruang kerja sama.

Bab berikutnya akan menutup bagian pengantar ini dengan membahas **kesadaran diri dan tanggung jawab emosional**, sebagai jembatan menuju pembahasan emosi, stres, dan kebiasaan berpikir di bagian selanjutnya buku ini.

Bab 5

Kesadaran Diri dan Tanggung Jawab Emosional: Fondasi Hubungan yang Dewasa

Pendahuluan: Tidak Semua Emosi Harus Diikuti

Dalam hubungan, kita sering mendengar kalimat seperti:

- "Aku marah karena kamu."
- "Aku terluka karena sikapmu."
- "Kalau kamu tidak begitu, aku tidak akan bereaksi seperti ini."

Kalimat-kalimat ini terdengar wajar, bahkan manusiawi. Namun psikologi mengajak kita melihat lebih dalam: **orang lain bisa memicu emosi, tetapi kita tetap bertanggung jawab atas respons kita**.

Bab ini akan membahas konsep kesadaran diri dan tanggung jawab emosional, dua hal yang sering dibicarakan tetapi jarang benar-benar dipahami. Tanpa keduanya, hubungan mudah terjebak dalam siklus saling menyalahkan. Dengan keduanya, hubungan memiliki peluang untuk tumbuh secara sehat dan dewasa.

Apa Itu Kesadaran Diri (Self-Awareness)?

Kesadaran diri adalah kemampuan untuk:

- Mengenali emosi yang muncul;
- Memahami pikiran di balik emosi tersebut;
- Menyadari pola reaksi diri dalam berbagai situasi.

Kesadaran diri bukan berarti kita selalu tenang atau tidak pernah marah. Justru sebaliknya, orang yang sadar diri **menyadari kemarahannya**, bukan menekannya atau melampiaskannya tanpa kontrol.

Dalam hubungan, kesadaran diri membantu kita menjawab pertanyaan:

- "Apa yang sebenarnya aku rasakan?"
- "Mengapa aku bereaksi sekuat ini?"
- "Apakah reaksiku sebanding dengan situasinya?"

Tanpa kesadaran diri, emosi mengambil alih kendali.

Emosi Bukan Musuh, Tapi Sinyal

Psikologi modern melihat emosi bukan sebagai sesuatu yang harus dihindari, melainkan sebagai **sinyal internal**.

- Marah sering menandakan batas yang dilanggar;
- Sedih menandakan kehilangan atau kebutuhan akan dukungan;
- Cemburu bisa menandakan rasa tidak aman;
- Takut menandakan ancaman, nyata atau dirasakan.

Masalah muncul bukan karena emosinya, tetapi karena:

- Kita tidak memahami pesannya;
- Atau mengekspresikannya dengan cara yang melukai.

Kesadaran diri memungkinkan kita **mendengarkan emosi tanpa dikuasai olehnya**.

Tanggung Jawab Emosional: Apa Artinya?

Tanggung jawab emosional berarti menyadari bahwa:

- Emosi kita adalah milik kita;
- Orang lain tidak bertanggung jawab mengatur perasaan kita;
- Kita memiliki pilihan dalam merespons.

Ini bukan berarti mengabaikan pengaruh orang lain. Tanggung jawab emosional bukan tentang menyalahkan diri sendiri, tetapi tentang **mengambil alih kendali atas respons kita**.

Perbedaan penting antara:

- "Kamu membuatku marah."
- Dan "Aku merasa marah ketika ini terjadi, dan aku ingin membicarakannya."

Kalimat kedua menunjukkan kesadaran dan tanggung jawab.

Budaya Menyalahkan dan Dampaknya dalam Hubungan

Banyak orang tumbuh dalam budaya yang tidak mengajarkan pengelolaan emosi. Akibatnya, menyalahkan menjadi mekanisme bertahan hidup:

- Menyalahkan pasangan;
- Menyalahkan keadaan;
- Menyalahkan masa lalu.

Dalam jangka pendek, menyalahkan terasa melegakan. Namun dalam jangka panjang, ia:

- Merusak kepercayaan;
- Menghambat komunikasi;

- Menghilangkan peluang pertumbuhan.

Hubungan yang sehat membutuhkan **dua orang yang mau bertanggung jawab atas dirinya masing-masing**, bukan dua orang yang saling menunjuk kesalahan.

Reaksi Otomatis vs Respons Sadar

Psikologi membedakan antara:

- Reaksi otomatis;
- Respons sadar.

Reaksi otomatis muncul dari kebiasaan lama, luka masa lalu, dan mekanisme bertahan hidup. Respons sadar muncul dari kesadaran dan pilihan.

Contoh: Pasangan terlambat membalas pesan.

- Reaksi otomatis: marah, menyindir, menarik diri;
- Respons sadar: menyadari kecemasan, menenangkan diri, lalu bertanya dengan tenang.

Kesadaran diri menciptakan jeda kecil antara stimulus dan respons. Jeda inilah yang memberi kita **kebebasan memilih**.

Mengapa Mengakui Emosi Terasa Sulit

Banyak orang kesulitan mengakui emosinya karena:

- Takut terlihat lemah;
- Takut ditolak;
- Tidak terbiasa menamai perasaan.

Sejak kecil, banyak dari kita diajarkan untuk:

- Menahan tangis;
- Mengabaikan rasa kecewa;
- Atau "kuat" tanpa benar-benar dipahami.

Akibatnya, saat dewasa, emosi muncul dalam bentuk tidak langsung: sarkasme, diam, atau ledakan.

Belajar mengenali dan menamai emosi adalah **keterampilan psikologis**, bukan bakat alami.

Peran Luka Lama dalam Respons Emosional

Tidak semua reaksi emosional berasal dari situasi saat ini. Banyak reaksi kuat muncul karena:

- Pengalaman ditinggalkan;
- Pengabaian emosional;
- Kritik berulang di masa lalu.

Ketika luka lama tersentuh, otak bereaksi seolah ancaman lama muncul kembali. Inilah mengapa reaksi terasa "berlebihan".

Kesadaran diri membantu kita bertanya:

- "Apakah ini tentang sekarang, atau tentang masa lalu?"

Pertanyaan ini sering menjadi titik balik penting.

Mengelola Emosi Tanpa Menekannya

Mengelola emosi bukan berarti menekan atau mengabaikannya. Penekanan emosi justru bisa:

- Menumpuk stres;
- Memicu ledakan;
- Memengaruhi kesehatan mental.

Mengelola emosi berarti:

- Mengenali perasaan;
- Menerima keberadaannya;
- Memilih cara ekspresi yang sehat.

Contohnya:

- Menenangkan diri sebelum berbicara;
- Menulis perasaan;
- Atau meminta waktu sejenak sebelum diskusi.

Batasan Emosional: Bentuk Tanggung Jawab pada Diri

Kesadaran diri juga berkaitan dengan kemampuan menetapkan batasan emosional. Batasan bukan tembok, melainkan **garis yang melindungi kesehatan emosional**.

Contoh batasan sehat:

- Tidak melanjutkan diskusi saat emosi memuncak;
- Menolak komunikasi yang merendahkan;
- Meminta waktu sendiri tanpa menghilang.

Orang yang tidak memiliki batasan sering:

- Kelelahan emosional;
- Menyimpan resentmen;
- Atau merasa dimanfaatkan.

Komunikasi Emosional yang Dewasa

Komunikasi yang dewasa tidak berfokus pada:

- Siapa yang salah;
- Siapa yang menang.

Melainkan pada:

- Apa yang dirasakan;
- Apa yang dibutuhkan;
- Apa yang bisa dilakukan bersama.

Komunikasi seperti ini membutuhkan:

- Kejujuran;
- Keberanian;
- Dan kerendahan hati.

Tidak mudah, tetapi sangat berharga.

Refleksi Diri untuk Pembaca

Luangkan waktu untuk merenungkan pertanyaan berikut:

1. Emosi apa yang paling sulit aku akui dalam hubungan?
2. Bagaimana caraku biasanya mengekspresikan emosi tersebut?
3. Apakah caraku mengambil tanggung jawab atau justru menyalahkan?
4. Respons apa yang ingin kupelajari ke depan?

Refleksi ini membantu pembaca beralih dari pola lama ke kesadaran baru.

Kesadaran Diri sebagai Proses, Bukan Tujuan

Penting untuk diingat bahwa kesadaran diri bukan kondisi permanen. Kita bisa sangat sadar hari ini, lalu kembali reaktif besok. Itu manusiawi.

Yang penting bukan kesempurnaan, tetapi **komitmen untuk terus belajar dan bertumbuh**.

Hubungan yang sehat bukan tentang dua orang tanpa luka, tetapi dua orang yang mau bertanggung jawab atas lukanya masing-masing.

Penutup

Bab ini menutup bagian pengantar dengan satu pesan utama:

Hubungan yang dewasa dimulai dari individu yang bertanggung jawab secara emosional.

Dengan kesadaran diri dan tanggung jawab emosional, kita tidak lagi menjadikan pasangan sebagai tempat pelampiasan emosi, melainkan sebagai rekan bertumbuh.

Bab selanjutnya akan memasuki bagian baru buku ini: **emosi, stres, dan kebiasaan berpikir**, dimulai dengan memahami emosi secara lebih mendalam dan bagaimana emosi memengaruhi kualitas hubungan kita sehari-hari.

Bab 6

Memahami Emosi: Bahasa Batin yang Mengarahkan Hubungan

Pendahuluan: Emosi Ada Sebelum Kata-Kata

Sebelum manusia mampu berbicara, berpikir logis, atau menjelaskan perasaannya, emosi sudah lebih dulu hadir. Bayi yang menangis, tersenyum, atau meringkuk ketakutan belum memiliki bahasa, tetapi emosinya sudah bekerja dengan sangat jelas. Ini menunjukkan satu hal penting: **emosi adalah sistem dasar manusia**, bukan tambahan.

Dalam hubungan, emosi sering dianggap sebagai pengganggu. Banyak orang berkata:

- "Jangan pakai perasaan."
- "Pikir pakai logika saja."
- "Kamu terlalu emosional."

Padahal, psikologi menunjukkan bahwa **emosi tidak bisa dipisahkan dari cara kita berpikir, memilih, dan berhubungan.** Hubungan tanpa emosi bukanlah hubungan yang sehat, melainkan hubungan yang mati rasa.

Bab ini akan mengajak pembaca memahami apa itu emosi, bagaimana emosi bekerja, mengapa emosi sering "menguasai" hubungan, dan bagaimana kita bisa membangun relasi yang lebih sehat dengan emosi kita sendiri.

Apa Itu Emosi Menurut Psikologi?

Dalam psikologi, emosi dipahami sebagai respons kompleks yang melibatkan:

- Reaksi tubuh (detak jantung, napas, hormon);
- Pikiran atau penilaian terhadap situasi;
- Dorongan untuk bertindak.

Emosi bukan hanya perasaan samar di dada. Ia adalah **sistem informasi internal** yang memberi tahu kita:

- Apa yang penting;
- Apa yang mengancam;
- Apa yang perlu dijaga;
- Apa yang perlu dilepaskan.

Tanpa emosi, manusia akan kesulitan membuat keputusan, membangun ikatan, atau melindungi diri.

Fungsi Emosi dalam Kehidupan dan Hubungan

Setiap emosi memiliki fungsi. Tidak ada emosi yang "buruk" secara alami.

- **Marah** → memberi sinyal bahwa batas dilanggar;
- **Sedih** → menandakan kehilangan dan kebutuhan akan dukungan;
- **Takut** → melindungi dari ancaman;
- **Cemburu** → memberi sinyal rasa tidak aman atau takut kehilangan;
- **Bahagia** → memperkuat ikatan dan motivasi.

Masalah muncul bukan karena emosinya, tetapi karena:

- Emosi tidak dipahami;
- Emosi ditekan;
- Atau emosi diekspresikan secara merusak.

Dalam hubungan, emosi yang tidak dikelola sering berubah menjadi konflik.

Emosi Primer dan Emosi Sekunder

Psikologi membedakan antara **emosi primer** dan **emosi sekunder**.

- **Emosi primer** adalah reaksi awal dan jujur (sedih, takut, kecewa);
- **Emosi sekunder** adalah emosi yang muncul sebagai pelindung (marah, sinis, dingin).

Contohnya: Seseorang merasa **sedih dan takut ditinggalkan** (emosi primer), tetapi mengekspresikannya dengan **marah dan menyalahkan** (emosi sekunder).

Dalam hubungan, banyak pertengkaran sebenarnya terjadi di level emosi sekunder, sementara emosi primer tetap tersembunyi.

Belajar mengenali emosi primer adalah langkah besar menuju kedekatan emosional.

Mengapa Kita Takut pada Emosi Tertentu

Tidak semua emosi terasa aman bagi semua orang. Banyak orang:

- Takut pada kesedihan karena dianggap lemah;
- Takut pada kemarahan karena pernah disakiti;
- Takut pada cinta karena pernah terluka.

Ketakutan ini biasanya terbentuk dari pengalaman masa lalu, bukan dari emosi itu sendiri.

Jika seseorang tumbuh di lingkungan yang:

- Menghukum ekspresi emosi;
- Mengabaikan perasaan;
- Atau meremehkan kesedihan.

maka ia belajar bahwa emosi tertentu harus disembunyikan.

Dalam hubungan dewasa, pola ini bisa menciptakan jarak emosional.

Emosi dan Tubuh: Hubungan yang Tidak Terpisahkan

Emosi tidak hanya terjadi di pikiran, tetapi juga di tubuh. Saat emosi muncul:

- Otot menegang;
- Napas berubah;
- Detak jantung meningkat atau melambat.

Ketika emosi ditekan terus-menerus, tubuh sering menjadi tempat "penyimpanan". Ini bisa muncul dalam bentuk:

- Kelelahan kronis;
- Sakit kepala;
- Gangguan tidur;
- Ketegangan otot.

Psikologi dan ilmu saraf menunjukkan bahwa **emosi yang tidak diolah tidak hilang, hanya berpindah tempat**.

Peran Otak Emosional dalam Hubungan

Otak manusia memiliki bagian yang bertugas mengelola emosi, seperti sistem limbik dan amigdala. Bagian ini bereaksi **lebih cepat** daripada bagian otak rasional.

Itulah sebabnya:

- Kita bisa berkata kasar sebelum sempat berpikir;
- Menyesal setelah emosi mereda;
- Atau bereaksi berlebihan pada hal kecil.

Dalam konflik hubungan, sering kali yang "berbicara" bukan logika, tetapi **otak emosional yang merasa terancam**.

Memahami ini membantu kita:

- Tidak langsung menyimpulkan niat buruk;
- Memberi waktu untuk menenangkan diri;
- Menunda diskusi penting saat emosi memuncak.

Mengapa Emosi Pasangan Mudah Memicu Kita

Emosi pasangan sering kali lebih memicu dibanding emosi orang lain. Mengapa?

Karena dalam hubungan dekat:

- Kita membuka diri;
- Kita berharap dimengerti;
- Kita merasa lebih rentan.

Saat pasangan marah, diam, atau menjauh, yang terasa bukan hanya situasi saat ini, tetapi juga:

- Ketakutan lama;
- Luka terdahulu;

- Kebutuhan emosional yang belum terpenuhi.

Reaksi emosional yang kuat sering kali bukan tentang **apa yang terjadi**, tetapi tentang **apa yang diingat oleh sistem emosi kita.**

Emosi Menular dalam Hubungan

Psikologi sosial menunjukkan bahwa emosi bersifat **menular**. Suasana hati satu orang bisa memengaruhi seluruh dinamika hubungan.

Jika satu pihak:

- Terus-menerus cemas → hubungan terasa tegang;
- Sering marah → pasangan ikut defensif;
- Tenang dan terbuka → suasana lebih aman.

Inilah mengapa pengelolaan emosi bukan hanya tanggung jawab pribadi, tetapi juga **kontribusi terhadap kesehatan hubungan**.

Kesalahan Umum dalam Menghadapi Emosi

Beberapa kesalahan umum yang sering terjadi dalam hubungan:

1. Menekan emosi hingga meledak;
2. Melampiaskan emosi tanpa filter;
3. Menyalahkan orang lain atas perasaan sendiri;
4. Mengabaikan emosi pasangan;
5. Menganggap emosi sebagai fakta mutlak.

Psikologi mengajarkan bahwa emosi perlu:

- Diakui;
- Dipahami;
- Dan dikelola, bukan dituruti mentah-mentah.

Belajar Menamai Emosi dengan Tepat

Salah satu keterampilan emosional paling penting adalah **menamai emosi**. Banyak orang hanya mengenal:

- Marah;
- Sedih;
- Senang.

Padahal, emosi jauh lebih beragam:

- Kecewa;
- Terluka;
- Cemas.
- Kesepian;
- Iri;
- Takut tidak cukup.

Semakin spesifik kita menamai emosi, semakin mudah kita:

- Memahami kebutuhan di baliknya;
- Mengomunikasikannya dengan sehat;
- Mencegah konflik yang tidak perlu.

Emosi sebagai Petunjuk Kebutuhan

Setiap emosi membawa pesan tentang kebutuhan:

- Marah → butuh batas;
- Sedih → butuh dukungan;
- Cemas → butuh kepastian;
- Kesepian → butuh koneksi.

Jika kita hanya bereaksi pada emosinya tanpa mendengarkan pesannya, kebutuhan tetap tidak terpenuhi, dan emosi akan terus muncul.

Dalam hubungan, memahami emosi berarti **mendekati kebutuhan dengan empati**, bukan defensif.

Ruang Aman untuk Emosi dalam Hubungan

Hubungan yang sehat menyediakan ruang aman untuk emosi:

- Boleh merasa;
- Boleh mengungkapkan;
- Boleh tidak sempurna.

Ruang aman bukan berarti semua perilaku dibenarkan. Artinya:

- Emosi diterima;
- Ekspresi diarahkan secara sehat;
- Dialog dibuka, bukan ditutup.

Tanpa ruang aman, emosi akan mencari jalan lain, biasanya lewat konflik atau jarak.

Refleksi untuk Pembaca

Luangkan waktu merenungkan pertanyaan berikut:

1. Emosi apa yang paling sering muncul dalam hubunganku?
2. Emosi apa yang paling sulit aku terima dari diriku sendiri?
3. Bagaimana caraku biasanya mengekspresikan emosi tersebut?
4. Apakah caraku membantu atau justru merusak hubungan?

Refleksi ini membantu pembaca membangun hubungan yang lebih sadar dengan emosinya sendiri.

Penutup

Emosi bukan musuh yang harus dilawan, tetapi **bahasa batin yang perlu dipahami**. Ketika kita berhenti memusuhi emosi dan mulai mendengarkannya, hubungan berubah dari medan reaksi menjadi ruang kesadaran.

Bab selanjutnya akan membahas **stres emosional**, bagaimana stres memengaruhi cara kita berpikir dan berhubungan, serta mengapa banyak konflik muncul bukan karena cinta berkurang, tetapi karena **kelelahan emosional yang tidak disadari**.

Bab 7

Stres Emosional: Ketika Cinta Lelah Tanpa Disadari

Pendahuluan: Bukan Tidak Cinta, Tapi Terlalu Lelah

Banyak orang datang ke titik krisis dalam hubungan sambil berkata, **"Aku sudah tidak seperti dulu."**

"Aku capek terus bertengkar." "Aku tidak tahu kenapa hal kecil saja bisa membuatku marah."

Sering kali, masalah ini langsung ditafsirkan sebagai hilangnya cinta. Namun psikologi menunjukkan bahwa dalam banyak kasus, yang sebenarnya terjadi adalah **stres emosional yang menumpuk**.

Stres membuat pikiran menyempit, emosi lebih reaktif, dan empati menurun. Dalam kondisi ini, cinta tidak hilang, ia hanya **tertutup oleh kelelahan**.

Bab ini akan membantu pembaca memahami apa itu stres emosional, bagaimana stres bekerja dalam tubuh dan pikiran, serta bagaimana stres yang tidak disadari bisa merusak hubungan yang sebenarnya masih memiliki fondasi kuat.

Apa Itu Stres Emosional?

Stres emosional adalah kondisi ketika sistem psikologis dan emosional seseorang berada dalam tekanan berkepanjangan. Tekanan ini bisa berasal dari:

- Pekerjaan;
- Masalah keuangan;
- Tuntutan keluarga;

- Trauma masa lalu;
- Konflik hubungan itu sendiri.

Berbeda dengan stres sesaat, stres emosional bersifat **akumulatif**. Ia tidak selalu muncul sebagai ledakan besar, tetapi sering terlihat dalam bentuk:

- Mudah tersinggung;
- Kelelahan tanpa sebab jelas;
- Kehilangan minat;
- Menarik diri secara emosional.

Dalam hubungan, stres emosional sering disalahartikan sebagai perubahan perasaan.

Bagaimana Stres Memengaruhi Otak dan Emosi

Saat seseorang mengalami stres, tubuh melepaskan hormon seperti kortisol dan adrenalin. Hormon ini berguna untuk menghadapi ancaman jangka pendek, tetapi berbahaya jika terus-menerus aktif.

Dampaknya antara lain:

- Bagian otak rasional melemah;
- Reaksi emosional menjadi lebih cepat dan keras;
- Kemampuan mendengar dan berempati menurun.

Inilah sebabnya orang yang sedang stres:

- Lebih mudah salah paham;
- Lebih defensif;
- Sulit berpikir jernih saat konflik.

Dalam hubungan, dua orang yang sama-sama stres akan lebih mudah bertabrakan, meskipun niat awalnya baik.

Sumber Stres yang Sering Tidak Disadari dalam Hubungan

Tidak semua stres datang dari luar hubungan. Banyak stres justru lahir **di dalam hubungan itu sendiri**, sering tanpa disadari.

Beberapa sumber stres tersembunyi:

- Kebutuhan emosional yang tidak terpenuhi;
- Konflik yang tidak pernah diselesaikan;
- Komunikasi yang tidak jujur;
- Perasaan harus "menjaga suasana" terus-menerus;
- Takut kehilangan atau ditinggalkan.

Stres ini jarang diungkapkan secara langsung, tetapi menumpuk dan memengaruhi interaksi sehari-hari.

Kelelahan Emosional dan Dampaknya pada Cinta

Kelelahan emosional terjadi ketika seseorang terlalu lama berada dalam kondisi stres tanpa pemulihan. Tanda-tandanya antara lain:

- Mati rasa secara emosional;
- Kehilangan empati;
- Merasa kosong meski bersama pasangan;
- Mudah merasa "sudah cukup".

Banyak orang mengira perasaan ini berarti cinta telah habis. Padahal, sering kali yang habis adalah **energi emosional**, bukan rasa sayang.

Tanpa pemahaman ini, pasangan bisa membuat keputusan besar dalam kondisi lelah, bukan sadar.

Stres dan Pola Reaksi yang Berubah

Saat stres meningkat, seseorang cenderung kembali ke pola bertahan hidup lamanya:

- Menyerang;
- Menyalahkan;
- Menghindar;
- Menarik diri.

Pola-pola ini sering berasal dari masa lalu dan muncul kembali saat sistem emosi kewalahan.

Dalam hubungan, ini bisa terlihat sebagai:

- Pertengkaran yang semakin sering;
- Komunikasi yang semakin dingin;
- Atau keheningan yang penuh ketegangan.

Stres membuat kita **bereaksi**, bukan merespons.

Mengapa Hal Kecil Terasa Sangat Besar Saat Stres

Saat seseorang sudah berada di ambang batas stres, hal kecil bisa menjadi pemicu ledakan besar. Bukan karena hal itu penting, tetapi karena:

- Sistem emosi sudah penuh;
- Tidak ada ruang untuk toleransi;
- Otak mencari jalan keluar.

Inilah mengapa konflik sering tampak “tidak masuk akal”. Yang diperdebatkan mungkin sepele, tetapi yang dilepaskan adalah **akumulasi emosi yang lama tertahan.**

Stres dan Penurunan Empati

Empati membutuhkan energi emosional. Saat seseorang kelelahan, empati menjadi salah satu kemampuan pertama yang menurun.

Akibatnya:

- Kita lebih fokus pada diri sendiri;
- Sulit mendengar perasaan pasangan;
- Cepat merasa diserang.

Tanpa empati, komunikasi berubah menjadi adu argumen, bukan dialog.

Psikologi mengajarkan bahwa dalam kondisi stres tinggi, **prioritas pertama bukan menyelesaikan konflik, tetapi menurunkan tingkat stres.**

Perbedaan Cara Menghadapi Stres dalam Hubungan

Setiap orang memiliki cara berbeda dalam menghadapi stres:

- Ada yang ingin bicara;
- Ada yang butuh menyendiri;
- Ada yang menjadi lebih sensitif;
- Ada yang menjadi lebih diam.

Masalah muncul ketika perbedaan ini disalahartikan sebagai:

- Tidak peduli;
- Menjauh;
- Atau tidak cinta.

Padahal, sering kali pasangan hanya **mengelola stres dengan cara yang berbeda**.

Stres Kolektif: Ketika Hubungan Ikut Tertekan

Stres tidak hanya dialami individu, tetapi bisa menjadi **stres kolektif dalam hubungan**. Jika satu orang stres berkepanjangan, pasangannya ikut terdampak.

Hubungan bisa terasa:

- Tegang;
- Penuh kewaspadaan;
- Minim kehangatan.

Jika tidak disadari, stres kolektif ini bisa menjadi "normal baru" yang menggerus kedekatan perlahan.

Mengenali Tanda Stres Sebelum Terlambat

Beberapa tanda awal stres emosional dalam hubungan:

- Komunikasi terasa berat;
- Mudah tersinggung tanpa sebab jelas;
- Keinginan menghindari diskusi;
- Penurunan keintiman emosional.

Mengenali tanda-tanda ini lebih awal membantu pasangan:

- Berhenti saling menyalahkan;
- Mencari pemulihan bersama;
- Dan mencegah kerusakan lebih lanjut.

Mengelola Stres Sebagai Tanggung Jawab Pribadi

Meskipun hubungan bisa menjadi sumber dukungan, mengelola stres tetap merupakan **tanggung jawab pribadi**. Mengandalkan pasangan sebagai satu-satunya tempat pelepasan stres bisa membebani hubungan.

Pengelolaan stres bisa mencakup:

- Istirahat yang cukup;
- Aktivitas fisik;
- Waktu sendiri;
- Refleksi emosional;
- Atau bantuan profesional.

Hubungan yang sehat adalah pertemuan dua orang yang sama-sama merawat diri.

Mendukung Pasangan yang Sedang Stres

Mendukung pasangan bukan berarti memperbaiki segalanya. Sering kali yang dibutuhkan adalah:

- Kehadiran;
- Pendengaran tanpa menghakimi;
- Validasi perasaan.

Kalimat sederhana seperti:

- "Kedengarannya kamu sedang sangat lelah."
- "Aku ada di sini kalau kamu ingin cerita."

Bisa menurunkan ketegangan secara signifikan.

Refleksi untuk Pembaca

Luangkan waktu untuk merenungkan:

1. Sumber stres apa yang paling memengaruhi hubunganku saat ini?

2. Bagaimana stres itu biasanya muncul dalam perilakuku?
3. Apakah aku menyadari tanda kelelahan emosional sejak awal?
4. Apa satu hal kecil yang bisa kulakukan untuk merawat energiku?

Refleksi ini membantu pembaca membedakan antara masalah hubungan dan dampak stres.

Penutup

Cinta membutuhkan energi emosional untuk tumbuh. Ketika energi ini terkuras oleh stres, hubungan terasa berat meski perasaan masih ada.

Bab ini mengajak pembaca untuk tidak buru-buru menyimpulkan bahwa cinta telah hilang, sebelum bertanya:

"Apakah aku sedang lelah?"

Bab selanjutnya akan membahas **kebiasaan berpikir yang dipengaruhi stres**, bagaimana stres membentuk pola pikir negatif, dan bagaimana kita bisa keluar dari siklus tersebut untuk membangun hubungan yang lebih sehat dan sadar.

Bab 8

Kebiasaan Berpikir Negatif: Jebakan Pikiran dalam Hubungan

Pendahuluan: Ketika Pikiran Menjadi Musuh dalam Hubungan

Pernahkah kamu berada dalam hubungan yang sebenarnya tidak sedang bermasalah besar, tetapi di dalam kepalamu terasa seperti semuanya salah? Pikiran terus berputar, mengulang kejadian kecil, menafsirkan ulang kata-kata pasangan, dan membayangkan skenario terburuk, hingga akhirnya emosi ikut teraduk.

Dalam kondisi seperti ini, bukan pasangan yang menjadi sumber utama penderitaan, melainkan **Kebiasaan berpikir negatif yang berjalan otomatis.**

Psikologi menunjukkan bahwa stres emosional yang berkepanjangan sangat memengaruhi cara kita berpikir. Pikiran menjadi lebih sempit, kaku, dan condong ke arah negatif. Dalam hubungan, kebiasaan berpikir ini bisa menjadi racun perlahan yang mengikis kepercayaan, kedekatan, dan rasa aman.

Bab ini akan membantu pembaca mengenali pola kebiasaan berpikir negatif, memahami mengapa pikiran bisa menjadi begitu keras terhadap diri sendiri dan pasangan, serta bagaimana mulai membangun pola pikir yang lebih sehat dan realistis.

Apa Itu Kebiasaan Berpikir Negatif?

Kebiasaan berpikir negatif adalah pola pikiran otomatis yang cenderung:

- Menafsirkan situasi secara pesimis;

- Membesar-besarkan ancaman;
- Meremehkan hal positif;
- Dan mengarah pada kesimpulan yang menyakitkan.

Pola ini sering muncul tanpa disadari dan terasa seperti "kebenaran", padahal sebenarnya hanyalah **interpretasi pikiran**.

Dalam hubungan, kebiasaan berpikir negatif sering berbunyi seperti:

- "Dia pasti tidak peduli."
- "Aku selalu salah."
- "Hubungan ini tidak akan pernah berubah."

Jika dibiarkan, pikiran-pikiran ini membentuk cara kita merasakan, bersikap, dan berinteraksi.

Hubungan Antara Stres dan Pikiran Negatif

Saat stres meningkat, otak masuk ke mode bertahan hidup. Dalam mode ini:

- Fokus pada ancaman lebih diutamakan;
- Pikiran menjadi hitam-putih;
- Kemampuan melihat nuansa menurun.

Secara evolusioner, ini masuk akal. Namun dalam hubungan modern, pola ini justru menimbulkan masalah.

Stres membuat pikiran:

- Lebih cepat curiga;
- Lebih sulit percaya;
- Lebih mudah menyimpulkan hal buruk.

Akibatnya, hubungan yang sebenarnya aman bisa terasa berbahaya.

Distorsi Kognitif: Kesalahan Umum dalam Berpikir

Psikologi kognitif mengenal istilah **distorsi kognitif**, yaitu pola berpikir keliru yang umum terjadi pada manusia, terutama saat stres.

Beberapa distorsi yang sering muncul dalam hubungan:

1. Berpikir Hitam-Putih, Melihat segala sesuatu sebagai benar atau salah, baik atau buruk. "Kalau dia tidak melakukan ini, berarti dia tidak mencintaiku."

2. Membaca Pikiran. Menganggap tahu apa yang dipikirkan pasangan tanpa klarifikasi. "Dia pasti kesal padaku."

3. Membesar-besarkan (Catastrophizing). Menganggap kejadian kecil sebagai awal kehancuran besar. "Kalau begini terus, hubungan ini pasti gagal."

4. Mengeneralisasi Berlebihan. Satu kejadian dianggap mewakili semuanya. "Kamu selalu begitu."

5. Mengabaikan Hal Positif. Fokus pada satu kesalahan dan melupakan banyak hal baik. "Semua usahanya tidak berarti."

Distorsi ini membuat konflik terasa lebih berat dari yang sebenarnya.

Dialog Batin yang Keras terhadap Diri Sendiri

Tidak semua pikiran negatif ditujukan pada pasangan. Banyak yang justru diarahkan ke diri sendiri.

Dialog batin seperti:

- "Aku terlalu sensitif."
- "Aku memang sulit dicintai."
- "Pantas saja aku ditinggalkan."

Dialog ini sering berasal dari pengalaman masa lalu, kritik yang tertanam, atau standar yang terlalu tinggi terhadap diri sendiri.

Dalam hubungan, dialog batin yang keras membuat seseorang:

- Mudah merasa bersalah;
- Takut mengungkapkan kebutuhan;
- Atau justru menjadi defensif untuk melindungi diri.

Pikiran Negatif dan Ramalan yang Terpenuhi Sendiri

Seperti dibahas di bab sebelumnya, pikiran negatif sering menciptakan **self-fulfilling prophecy**.

Contohnya: Seseorang percaya bahwa pasangannya akan menjauh. Karena keyakinan itu, ia:

- Menjadi curiga;
- Menuntut kepastian berlebihan;
- Atau menarik diri terlebih dahulu.

Pasangan merasa tidak dipercaya dan akhirnya benar-benar menjauh. Pikiran awal pun terasa terbukti, padahal sebenarnya **pikiran itulah pemicunya.**

Dalam hubungan, banyak "bukti" berasal dari siklus ini.

Mengapa Pikiran Negatif Terasa Begitu Meyakinkan

Pikiran negatif sering terasa lebih meyakinkan karena:

- Ia muncul cepat dan otomatis;
- Ia didukung emosi kuat;
- Ia terasa familiar dari pengalaman lama.

Otak cenderung mempercayai pikiran yang sering muncul, meskipun tidak akurat. Inilah sebabnya mengapa sekadar berkata "jangan berpikir negatif" tidak pernah efektif.

Yang dibutuhkan bukan penolakan, melainkan **kesadaran dan pemeriksaan realitas.**

Perbedaan antara Pikiran dan Fakta

Salah satu keterampilan psikologis paling penting adalah membedakan:

- Apa yang kita pikirkan;
- Dan apa yang benar-benar terjadi.

Contoh:

- Pikiran: "Dia tidak peduli."
- Fakta: "Dia belum membalas pesan selama tiga jam."

Kesimpulan emosional sering jauh melampaui fakta. Dalam hubungan, membedakan keduanya bisa mencegah banyak konflik yang tidak perlu.

Pola Berpikir Negatif dan Keintiman Emosional

Keintiman emosional membutuhkan rasa aman. Pikiran negatif yang terus-menerus:

- Menurunkan rasa aman;
- Membuat seseorang waspada berlebihan;
- Menghambat keterbukaan.

Jika pikiran terus berkata "awas", "jangan percaya", "jaga diri", maka kedekatan akan terasa berisiko.

Tanpa disadari, kita bisa menjauh bukan karena tidak ingin dekat, tetapi karena pikiran kita **tidak merasa aman.**

Kesadaran Pikiran: Langkah Awal Perubahan

Perubahan tidak dimulai dari mengganti semua pikiran, tetapi dari **menyadarinya.**

Kesadaran pikiran berarti:

- Memperhatikan dialog batin;
- Mengenali pola yang berulang;
- Berhenti sejenak sebelum bereaksi.

Pertanyaan sederhana yang bisa membantu:

- "Apakah ini fakta atau interpretasi?"
- "Apakah ada kemungkinan lain?"
- "Apakah pikiran ini membantuku atau menyakitiku?"

Pertanyaan ini membuka ruang bagi respons yang lebih sehat.

Mengganti Kebiasaan Berpikir, Bukan Menyalahkan Diri

Penting untuk ditekankan: memiliki pikiran negatif **bukan kegagalan pribadi**. Pikiran ini adalah hasil dari:

- Pengalaman;
- Stres;
- Dan mekanisme bertahan hidup.

Mengubah kebiasaan berpikir bukan tentang memaksa positif, tetapi tentang:

- Menjadi lebih realistis;
- Memberi ruang pada nuansa;
- Dan memperlakukan diri dengan lebih berbelas kasih.

Membangun Pikiran yang Lebih Seimbang

Pikiran seimbang bukan berarti selalu positif, tetapi:

- Terbuka pada kemungkinan;
- Tidak langsung menyimpulkan yang terburuk;
- Mau mencari klarifikasi.

Contoh pergeseran kecil:

- Dari "Dia tidak peduli"
- Menjadi "Aku belum tahu apa yang sedang terjadi."

Pergeseran kecil ini bisa berdampak besar pada emosi dan komunikasi.

Peran Komunikasi dalam Melawan Pikiran Negatif

Banyak pikiran negatif bisa reda dengan komunikasi yang jujur. Namun komunikasi hanya efektif jika:

- Dilakukan saat emosi relatif tenang;
- Bertujuan memahami, bukan menuduh.

Kalimat seperti:

- "Aku merasa cemas saat tidak ada kabar."
- "Aku butuh sedikit kepastian."

Lebih membuka dialog dibanding tuduhan.

Refleksi untuk Pembaca

Luangkan waktu untuk merenungkan:

1. Pikiran negatif apa yang paling sering muncul dalam hubunganku?
2. Dalam situasi apa pikiran itu biasanya muncul?
3. Apakah pikiran tersebut selalu didukung fakta?
4. Bagaimana hubungan terasa jika aku tidak langsung mempercayai pikiran itu?

Refleksi ini membantu pembaca keluar dari mode otomatis.

Penutup

Pikiran bukan musuh, tetapi ia perlu dilatih agar tidak mengambil alih kemudi hubungan. Dengan menyadari kebiasaan berpikir negatif, kita memberi ruang bagi empati, kejelasan, dan keintiman untuk kembali hadir.

Bab selanjutnya akan membahas **overthinking dan kecemasan dalam hubungan**, bagaimana keduanya berkembang dari kebiasaan berpikir negatif, dan bagaimana menghentikan siklus lelah yang menguras emosi dan kedekatan.

Bab 9

Overthinking dan Kecemasan: Ketika Pikiran Tidak Pernah Diam dalam Hubungan

Pendahuluan: Pikiran yang Terus Berputar

Pernahkah kamu merasa lelah bukan karena aktivitas fisik, tetapi karena pikiran yang terus berjalan tanpa henti? Mengulang percakapan, menganalisis pesan, memikirkan nada suara, atau membayangkan berbagai kemungkinan yang belum tentu terjadi. Secara lahiriah mungkin tidak ada konflik besar, tetapi di dalam kepala terasa riuh dan melelahkan.

Inilah yang disebut **overthinking**, dan dalam hubungan, ia sering berjalan beriringan dengan **kecemasan**.

Overthinking bukan tanda kelemahan atau kurangnya logika. Justru sering kali ia muncul pada orang-orang yang peduli, sensitif, dan ingin menjaga hubungan. Namun tanpa pemahaman psikologis, overthinking bisa menjadi jebakan yang menguras emosi, merusak komunikasi, dan perlahan menjauhkan dua orang yang sebenarnya ingin dekat.

Bab ini akan membahas apa itu overthinking dan kecemasan dalam konteks hubungan, mengapa keduanya muncul, bagaimana dampaknya, dan bagaimana mulai keluar dari siklus pikiran yang melelahkan ini.

Apa Itu Overthinking dalam Hubungan?

Overthinking adalah kecenderungan untuk:

- Memikirkan sesuatu secara berlebihan;

- Mengulang analisis yang sama;
- Sulit menghentikan alur pikiran.

Dalam hubungan, overthinking sering muncul sebagai:

- Menganalisis pesan atau respons pasangan;
- Mengulang percakapan yang sudah terjadi;
- Memikirkan kemungkinan terburuk;
- Mencari makna tersembunyi di balik hal kecil.

Ironisnya, semakin seseorang overthinking, semakin jauh ia dari kejelasan. Pikiran menjadi kabur, bukan jernih.

Hubungan Antara Overthinking dan Kecemasan

Overthinking jarang berdiri sendiri. Ia hampir selalu dipicu atau diperkuat oleh **kecemasan.**

Kecemasan dalam hubungan biasanya berkaitan dengan:

- Takut ditinggalkan;
- Takut tidak cukup baik;
- Takut disalahpahami;
- Takut kehilangan kendali.

Pikiran yang cemas terus mencari kepastian. Namun karena kepastian mutlak tidak pernah ada dalam hubungan, pencarian ini tidak pernah benar-benar selesai.

Akhirnya, pikiran terus berputar dalam lingkaran yang melelahkan.

Mengapa Overthinking Terasa Sulit Dihentikan

Banyak orang berkata, "Aku tahu ini berlebihan, tapi aku tidak bisa berhenti." Ini bukan karena kurang kemauan, tetapi karena **overthinking adalah mekanisme bertahan hidup**.

Otak berpikir: "Kalau aku memikirkan semuanya, aku bisa mencegah rasa sakit."

Masalahnya, hubungan bukan teka-teki yang bisa dipecahkan hanya dengan berpikir. Terlalu banyak berpikir justru membuat:

- Emosi semakin tegang;
- Tubuh tidak rileks;
- Kejelasan makin menjauh.

Overthinking sebagai Upaya Mencari Kendali

Dalam hubungan, banyak hal berada di luar kendali kita:

- Perasaan orang lain;
- Keputusan pasangan;
- Masa depan yang belum pasti.

Overthinking sering menjadi cara tidak sadar untuk **menciptakan ilusi kendali**. Dengan menganalisis terus-menerus, pikiran merasa sedang "melakukan sesuatu".

Padahal, yang terjadi justru sebaliknya: pikiran semakin terjebak, dan rasa aman semakin menipis.

Bentuk-Bentuk Overthinking dalam Hubungan

Overthinking tidak selalu terlihat sama pada setiap orang. Beberapa bentuk yang umum antara lain:

1. **Overthinking Pesan dan Respons.** Menghitung waktu balasan, menafsirkan tanda baca, atau membaca ulang pesan berkali-kali.

2. **Overthinking Percakapan.** Mengulang dialog lama dan memikirkan apa yang seharusnya dikatakan atau tidak dikatakan.

3. **Overthinking Masa Depan.** Terus-menerus memikirkan kemungkinan putus, ditinggalkan, atau gagal.

4. **Overthinking Diri Sendiri.** Meragukan setiap reaksi dan perasaan: "Apa aku terlalu berlebihan?"

Semua bentuk ini bermuara pada satu hal: **kecemasan akan kehilangan atau penolakan.**

Dampak Overthinking terhadap Hubungan

Jika dibiarkan, overthinking bisa berdampak serius pada kualitas hubungan:

- Komunikasi menjadi kaku dan penuh asumsi;
- Kepercayaan perlahan terkikis;
- Emosi menjadi tidak stabil;
- Pasangan merasa tidak dipercaya atau ditekan.

Ironisnya, upaya untuk "menjaga hubungan" lewat overthinking justru bisa mendorong pasangan menjauh.

Overthinking dan Kelelahan Emosional

Overthinking menghabiskan energi emosional dalam jumlah besar. Orang yang sering overthinking bisa merasa:

- Cepat lelah;
- Sulit menikmati momen;
- Tidak benar-benar hadir saat bersama pasangan.

Kelelahan ini sering disalahartikan sebagai kehilangan rasa cinta, padahal yang terjadi adalah **pikiran yang tidak pernah beristirahat**.

Perbedaan Antara Intuisi dan Overthinking

Banyak orang bingung membedakan intuisi dan overthinking.

- **Intuisi** cenderung tenang, singkat, dan jelas;
- **Overthinking** cenderung bising, berulang, dan penuh kecemasan.

Intuisi memberi sinyal tanpa drama. Overthinking menciptakan cerita panjang yang melelahkan.

Belajar membedakan keduanya membantu kita mempercayai diri sendiri tanpa terjebak dalam kecemasan.

Peran Kecemasan Kelekatan (Attachment Anxiety)

Dalam psikologi kelekatan, overthinking sering dikaitkan dengan **kecemasan kelekatan**. Orang dengan kecenderungan ini:

- Sangat peka terhadap perubahan sikap pasangan;
- Takut kehilangan kedekatan;
- Mencari kepastian secara terus-menerus.

Kecemasan ini bukan kelemahan karakter, melainkan pola emosional yang terbentuk dari pengalaman masa lalu.

Memahami hal ini membantu kita berhenti menyalahkan diri sendiri.

Menghentikan Siklus Overthinking: Kesadaran sebagai Langkah Pertama

Menghentikan overthinking tidak dimulai dengan melawan pikiran, tetapi dengan **menyadarinya**.

Saat pikiran mulai berputar, tanyakan:

- "Apakah aku sedang memikirkan sesuatu yang bisa kukendalikan?"
- "Apakah pikiran ini membantuku atau justru melukaiku?"

Kesadaran ini menciptakan jarak kecil antara diri dan pikiran.

Membawa Pikiran Kembali ke Saat Ini

Overthinking sering berpusat pada masa lalu atau masa depan. Membawa perhatian ke saat ini membantu menenangkan sistem saraf.

Cara sederhana:

- Fokus pada napas;
- Menyadari sensasi tubuh;
- Memperhatikan apa yang sedang dilakukan.

Ini bukan menghindari masalah, tetapi **menghentikan spiral pikiran yang tidak produktif**.

Mengomunikasikan Kecemasan dengan Sehat

Banyak overthinking bisa diredakan lewat komunikasi, jika dilakukan dengan cara yang tepat.

Alih-alih:

- "Kamu kenapa sih berubah?"

Cobalah:

- "Aku merasa cemas akhir-akhir ini dan ingin bicara."

Mengomunikasikan kecemasan sebagai perasaan, bukan tuduhan, membuka ruang empati.

Belajar Menerima Ketidakpastian

Hubungan selalu mengandung ketidakpastian. Tidak ada jaminan mutlak. Ironisnya, menerima kenyataan ini justru sering membuat pikiran lebih tenang.

Menerima ketidakpastian bukan berarti pasrah, tetapi menyadari bahwa:

- Tidak semua bisa dikendalikan;
- Kepercayaan adalah pilihan sadar.

Ketika kita berhenti menuntut kepastian sempurna, hubungan bisa bernapas.

Refleksi untuk Pembaca

Renungkan pertanyaan berikut:

1. Situasi apa yang paling sering memicu overthinking dalam hubunganku?
2. Ketakutan apa yang sebenarnya ada di balik pikiran tersebut?
3. Apakah overthinking membantuku merasa lebih aman?
4. Apa satu langkah kecil untuk menenangkan diriku saat pikiran mulai berputar?

Refleksi ini membantu pembaca keluar dari siklus otomatis.

Penutup

Overthinking dan kecemasan bukan tanda kurangnya cinta, melainkan tanda bahwa ada kebutuhan akan rasa aman yang belum terpenuhi. Dengan memahami pola ini, kita bisa berhenti memerangi pikiran dan mulai merawat diri dengan lebih lembut.

Bab berikutnya akan menutup bagian ini dengan membahas **regulasi emosi dan membangun kebiasaan berpikir yang sehat**, sebagai bekal penting sebelum memasuki pembahasan hubungan interpersonal dan konflik.

Bab 10

Regulasi Emosi dan Pola Pikir Sehat: Dasar Hubungan yang Stabil

Pendahuluan: Emosi Tidak Perlu Dihilangkan, Hanya Perlu Dikelola

Banyak orang tumbuh dengan keyakinan bahwa emosi tertentu adalah masalah. Marah dianggap buruk. Sedih dianggap lemah. Cemas dianggap berlebihan. Akibatnya, banyak dari kita berusaha menekan emosi, mengabaikannya, atau berpura-pura baik-baik saja, terutama dalam hubungan.

Padahal, psikologi modern menegaskan satu hal penting: **emosi bukan musuh hubungan**. Yang menjadi masalah bukan emosi itu sendiri, melainkan **cara kita merespons emosi tersebut**.

Di sinilah konsep regulasi emosi menjadi sangat penting. Regulasi emosi bukan tentang mengendalikan perasaan agar sesuai harapan orang lain, tetapi tentang:

- Mengenali emosi;
- Memahami pesan di baliknya;
- Dan mengekspresikannya dengan cara yang sehat.

Bab ini akan membahas bagaimana regulasi emosi bekerja, mengapa ia menjadi fondasi hubungan yang stabil, serta bagaimana membangun kebiasaan berpikir sehat yang menopang kedewasaan emosional.

Apa Itu Regulasi Emosi?

Regulasi emosi adalah kemampuan untuk:

- Menyadari emosi yang muncul;
- Menerima keberadaannya;
- Dan memilih respons yang tepat.

Orang dengan regulasi emosi yang baik bukan berarti jarang marah atau sedih. Mereka tetap merasakan emosi penuh, tetapi:

- Tidak dikendalikan olehnya;
- Tidak melampiaskannya secara destruktif;
- Tidak menekan emosi hingga meledak.

Dalam hubungan, regulasi emosi memungkinkan seseorang untuk tetap terhubung bahkan saat emosi sedang tinggi.

Perbedaan Mengatur Emosi dan Menekan Emosi

Kesalahan umum adalah menyamakan regulasi emosi dengan menekan emosi.

- **Menekan emosi** berarti mengabaikan atau memendam perasaan;
- **Regulasi emosi** berarti mengakui perasaan tanpa membiarkannya menguasai perilaku.

Emosi yang ditekan tidak hilang. Ia menumpuk dan sering muncul dalam bentuk:

- Ledakan marah;
- Sikap pasif-agresif;
- Kelelahan emosional;
- Atau jarak emosional dalam hubungan.

Hubungan yang sehat membutuhkan kejujuran emosional, bukan kepura-puraan.

Mengapa Regulasi Emosi Sangat Penting dalam Hubungan

Hubungan adalah ruang pertemuan dua sistem emosi yang berbeda. Tanpa regulasi emosi, perbedaan ini mudah berubah menjadi konflik.

Regulasi emosi membantu:

- Mengurangi reaksi impulsif;
- Meningkatkan empati;
- Menciptakan rasa aman emosional;
- Menjaga komunikasi tetap terbuka.

Pasangan yang mampu meregulasi emosi lebih mampu menyelesaikan konflik tanpa saling melukai.

Bagaimana Emosi Bekerja dalam Tubuh

Untuk memahami regulasi emosi, kita perlu memahami bahwa emosi bukan hanya pengalaman mental, tetapi juga **respons tubuh**.

Saat emosi muncul:

- Detak jantung berubah;
- Napas ikut terpengaruh;
- Otot menegang atau melemas.

Jika tubuh berada dalam kondisi tegang, pikiran rasional sulit bekerja. Karena itu, regulasi emosi sering kali dimulai dari **menenangkan tubuh**, bukan memaksa pikiran.

Ini menjelaskan mengapa:

- Menarik napas dalam;
- Menjeda sejenak;
- Atau menjauh sebentar dari konflik.

Bisa sangat membantu.

Kesadaran Emosional: Langkah Pertama Regulasi

Regulasi emosi tidak mungkin terjadi tanpa **kesadaran emosional.**

Kesadaran emosional berarti mampu menjawab pertanyaan:

- Apa yang sedang aku rasakan?
- Seberapa kuat emosinya?
- Apa yang memicunya?

Banyak konflik hubungan membesar karena emosi tidak dikenali sejak awal. Emosi yang samar lebih sulit dikelola dibanding emosi yang diberi nama dengan jelas.

Memberi Nama pada Emosi

Psikologi menunjukkan bahwa memberi label pada emosi dapat menurunkan intensitasnya. Misalnya:

- Bukan hanya "kesal", tetapi "kecewa";
- Bukan hanya "marah", tetapi "merasa tidak dihargai".

Ketika emosi diberi nama, ia menjadi lebih mudah dipahami dan dikomunikasikan. Ini juga mencegah emosi diekspresikan dalam bentuk yang tidak sehat.

Hubungan antara Regulasi Emosi dan Pola Pikir

Emosi dan pikiran saling memengaruhi. Pikiran negatif memperkuat emosi sulit, dan emosi intens memperkuat pikiran ekstrem.

Regulasi emosi yang baik membantu:

- Menghentikan spiral pikiran negatif;
- Memberi ruang untuk sudut pandang lain;

- Dan menunda kesimpulan yang terburu-buru.

Dengan emosi yang lebih stabil, pola pikir pun menjadi lebih fleksibel dan realistis.

Membangun Pola Pikir Sehat: Fleksibel, Bukan Sempurna

Pola pikir sehat bukan berarti selalu positif atau optimis. Pola pikir sehat bersifat:

- Realistis;
- Fleksibel;
- Penuh rasa ingin tahu.

Alih-alih berpikir: "Ini selalu salah."

Pola pikir sehat bertanya: "Apa yang bisa kupahami dari situasi ini?"

Fleksibilitas berpikir membuat seseorang lebih tahan terhadap stres dan konflik.

Mengelola Emosi Intens dalam Konflik

Dalam konflik hubungan, emosi sering kali memuncak. Regulasi emosi membantu seseorang:

- Mengenali titik ketika emosi terlalu tinggi;
- Memilih untuk menunda pembahasan;
- Atau mengubah pendekatan.

Mengambil jeda bukan berarti menghindari masalah, tetapi mencegah kerusakan yang lebih besar.

Hubungan yang dewasa menghargai jeda sebagai bagian dari penyelesaian konflik.

Belajar Merespons, Bukan Bereaksi

Reaksi adalah respons otomatis yang digerakkan emosi. Respons adalah pilihan sadar.

Regulasi emosi menciptakan jarak kecil antara stimulus dan tindakan. Dalam jarak inilah pilihan lahir.

Dalam hubungan, perbedaan kecil antara reaksi dan respons bisa menentukan:

- Apakah konflik memburuk;
- Atau justru memperdalam pemahaman.

Kebiasaan Harian yang Mendukung Regulasi Emosi

Regulasi emosi tidak dibangun saat konflik saja, tetapi melalui kebiasaan sehari-hari, seperti:

- Tidur cukup;
- Makan teratur;
- Aktivitas fisik;
- Refleksi diri;
- Waktu tenang tanpa distraksi.

Tubuh dan pikiran yang dirawat lebih mampu menghadapi emosi sulit.

Regulasi Emosi Bukan Tanggung Jawab Pasangan

Penting untuk dipahami bahwa setiap orang bertanggung jawab atas regulasi emosinya sendiri. Pasangan bisa mendukung, tetapi tidak bisa menggantikan proses ini.

Mengharapkan pasangan untuk selalu:

- Menenangkan;
- Memahami;

- Atau mengatur emosi kita.

akan membebani hubungan dan menciptakan ketergantungan emosional.

Hubungan yang sehat terdiri dari dua individu yang sama-sama bertanggung jawab secara emosional.

Menciptakan Ruang Aman Emosional dalam Hubungan

Ketika kedua pihak berusaha meregulasi emosi, hubungan menjadi ruang yang lebih aman. Ruang aman emosional ditandai dengan:

- Tidak meremehkan perasaan;
- Tidak mempermalukan emosi;
- Tidak menggunakan emosi sebagai senjata.

Dalam ruang ini, kejujuran emosional bisa tumbuh tanpa rasa takut.

Regulasi Emosi dan Pertumbuhan Diri

Belajar meregulasi emosi bukan hanya demi hubungan, tetapi demi pertumbuhan diri. Orang yang mampu mengelola emosi:

- Lebih mengenal dirinya;
- Lebih percaya diri;
- Lebih stabil secara psikologis.

Hubungan pun menjadi tempat bertumbuh, bukan medan pertahanan.

Refleksi untuk Pembaca

Luangkan waktu untuk merenungkan:

1. Emosi apa yang paling sulit aku kelola dalam hubungan?
2. Bagaimana biasanya aku merespons emosi tersebut?
3. Apakah respons itu membantu atau melukai hubungan?
4. Kebiasaan apa yang bisa kutingkatkan untuk merawat emosiku?

Refleksi ini membantu pembaca membangun kesadaran berkelanjutan.

Penutup

Regulasi emosi dan pola pikir sehat adalah fondasi hubungan yang stabil dan dewasa. Tanpa keduanya, cinta mudah terkikis oleh stres, kecemasan, dan salah paham. Dengan keduanya, hubungan memiliki ruang untuk bernapas, belajar, dan bertumbuh.

Bab ini menutup pembahasan tentang emosi dan pikiran, sekaligus membuka jalan menuju bagian berikutnya: **hubungan interpersonal dan konflik**. Bab selanjutnya akan membahas bagaimana dua individu dengan latar belakang emosional berbeda membangun koneksi, menghadapi perbedaan, dan mengelola konflik secara sehat.

Bab 11
Dasar Hubungan Interpersonal yang Sehat

Pendahuluan: Mengapa Hubungan Itu Kompleks

Hubungan antar manusia adalah salah satu aspek paling mendasar dan menantang dalam kehidupan. Kita semua menginginkan hubungan yang hangat, aman, dan penuh makna, baik itu romantis, persahabatan, atau hubungan keluarga. Namun kenyataannya, hubungan sering kali memunculkan konflik, salah paham, dan ketegangan emosional.

Psikologi interpersonal memberikan kerangka kerja untuk memahami dinamika ini. Dengan memahami perilaku manusia, pola komunikasi, dan kebutuhan emosional, kita bisa membangun hubungan yang sehat, tahan konflik, dan memupuk rasa kedekatan.

Bab ini akan menguraikan **prinsip dasar hubungan interpersonal yang sehat**, termasuk:

- Komunikasi efektif;
- Empati dan memahami perspektif orang lain;
- Membangun kepercayaan dan rasa aman.

Semua ini disampaikan dengan contoh nyata dan bahasa ringan agar mudah dipahami dan diterapkan.

Dasar Psikologi Hubungan Interpersonal

Hubungan interpersonal adalah interaksi yang terjadi antara dua orang atau lebih, yang ditandai oleh pertukaran informasi, emosi, dan dukungan sosial. Dalam psikologi, ada beberapa prinsip yang penting:

Kebutuhan Emosional Dasar

Setiap orang memiliki kebutuhan emosional yang mendasar, misalnya:

- **Diterima dan dihargai:** Merasa dianggap penting oleh orang lain;
- **Keamanan:** Merasa aman secara emosional dan fisik;
- **Pengakuan:** Mendapat validasi atas perasaan, pendapat, atau usaha;
- **Koneksi:** Mengalami kedekatan dan ikatan yang berarti.

Ketika kebutuhan ini tidak terpenuhi, konflik atau ketegangan lebih mudah muncul.

Perbedaan Latar Belakang dan Pengalaman

Setiap individu membawa pengalaman hidup, nilai, dan kebiasaan yang berbeda. Perbedaan ini bisa menjadi sumber kekayaan, tetapi juga potensi konflik. Memahami bahwa pasangan atau teman memiliki latar belakang berbeda adalah langkah awal membangun toleransi dan empati.

Komunikasi Efektif: Fondasi Hubungan

Komunikasi adalah jantung hubungan interpersonal. Tanpa komunikasi yang jelas dan terbuka, salah paham dan konflik akan sering muncul.

Prinsip Komunikasi Efektif

1. **Kejelasan:** Mengungkapkan apa yang dirasakan atau dibutuhkan dengan jelas;
2. **Keterbukaan:** Bersedia mendengar perspektif orang lain tanpa defensif;

3. **Konsistensi:** Perkataan dan tindakan selaras, sehingga menciptakan kepercayaan.

Hambatan Komunikasi

Beberapa hambatan yang umum:

- Asumsi tanpa klarifikasi;
- Interpretasi berlebihan terhadap nada suara atau kata-kata;
- Mengabaikan bahasa tubuh;
- Emosi tinggi yang memicu reaksi defensif.

Teknik Komunikasi yang Meningkatkan Koneksi

- **Gunakan bahasa "aku"**: "Aku merasa cemas saat..." daripada "Kamu selalu...";
- **Dengar aktif**: Tunjukkan perhatian penuh, ulangi atau rangkum kata pasangan untuk memastikan pemahaman;
- **Berhenti sebelum bereaksi**: Ambil jeda saat emosi memuncak, lalu kembali dengan kepala dingin.

Empati: Kunci Memahami dan Diterima

Empati adalah kemampuan untuk merasakan dan memahami pengalaman orang lain. Empati berbeda dari simpati; empati menempatkan diri pada posisi orang lain secara emosional.

Manfaat Empati dalam Hubungan

- Mengurangi konflik;
- Meningkatkan rasa aman emosional;
- Memperkuat ikatan emosional;
- Mendorong pengertian dan kerjasama.

Cara Mengembangkan Empati

1. Dengarkan tanpa menilai;
2. Bayangkan bagaimana rasanya berada di posisi pasangan;
3. Tanyakan perasaan mereka secara jujur: "Aku ingin memahami bagaimana perasaanmu saat itu."

Contoh: Jika pasangan marah karena terlambat dijemput, bukannya bereaksi defensif, cobalah memahami perspektifnya, mungkin mereka merasa dihargai atau diperhatikan.

Kepercayaan: Fondasi yang Tidak Bisa Diabaikan

Kepercayaan adalah dasar hubungan yang sehat. Tanpa kepercayaan:

- Rasa aman hilang;
- Keraguan muncul;
- Komunikasi menjadi defensif;
- Konflik sulit diselesaikan.

Cara Membangun Kepercayaan

1. **Kejujuran**: Bersikap jujur dalam ucapan dan tindakan;
2. **Konsistensi**: Menepati janji dan komitmen kecil sehari-hari;
3. **Keterbukaan**: Bersedia membagikan pikiran dan perasaan dengan pasangan.

Kepercayaan dibangun perlahan dan bisa runtuh cepat jika tidak dijaga. Hubungan yang sehat memerlukan usaha konsisten dari kedua pihak.

Batasan Sehat: Menghormati Diri dan Orang Lain

Batasan adalah aspek penting dalam hubungan yang sering diabaikan. Tanpa batasan, seseorang bisa merasa terjebak atau dimanfaatkan. Tanpa batasan yang jelas, konflik lebih mudah muncul.

Jenis Batasan

- **Fisik:** Ruang pribadi, sentuhan, dan interaksi fisik;
- **Emosional:** Mengatur intensitas berbagi perasaan;
- **Waktu dan energi:** Menentukan kapan bisa hadir untuk orang lain dan kapan butuh waktu sendiri.

Menetapkan Batasan

Batasan harus komunikatif dan konsisten. Contoh:

- "Aku butuh waktu 30 menit sendiri sebelum kita membahas masalah ini."
- "Aku nyaman jika kita berbicara dengan nada tenang, bukan teriak."

Batasan sehat membantu hubungan tetap berkelanjutan dan mencegah konflik meruncing.

Konflik dalam Hubungan Sehat

Konflik tidak bisa dihindari. Bahkan hubungan yang paling sehat sekalipun pasti menghadapi ketidaksepakatan. Bedanya, hubungan sehat **mengelola konflik dengan cara konstruktif**.

Prinsip Konflik Konstruktif

1. Fokus pada masalah, bukan menyerang karakter pasangan;
2. Gunakan bahasa jelas dan spesifik;
3. Dengarkan perspektif pasangan tanpa menyela;
4. Cari solusi yang menguntungkan kedua pihak.

Contoh: Alih-alih berkata, "Kamu selalu terlambat!", cobalah: "Aku merasa kecewa ketika kita tidak tepat waktu. Bisa kita cari cara agar lebih mudah tepat waktu?"

Kesalahan Umum dalam Konflik

- Menyalahkan secara umum ("Kamu selalu..."):
- Membawa masalah lama ke masalah baru;
- Mengabaikan perasaan pasangan;
- Memaksakan solusi sepihak.

Peran Kepekaan Emosional dalam Hubungan

Kepekaan emosional berarti mampu membaca emosi orang lain dan menyesuaikan interaksi. Orang yang sensitif terhadap emosi pasangan bisa:

- Mencegah eskalasi konflik;
- Memberikan dukungan yang sesuai;
- Meningkatkan kualitas interaksi.

Namun kepekaan emosional harus seimbang dengan regulasi diri, agar tidak terbawa emosi pasangan secara berlebihan.

Memberikan dan Menerima Dukungan

Hubungan yang sehat melibatkan saling memberikan dukungan, baik secara emosional maupun praktis.

Memberi Dukungan

- Dengarkan tanpa menilai;
- Tawarkan bantuan jika diminta;
- Validasi perasaan, bukan mengabaikan atau menasehati berlebihan.

Menerima Dukungan

Banyak orang sulit menerima dukungan karena merasa lemah atau merepotkan. Padahal menerima dukungan:

- Memperkuat hubungan;
- Menciptakan rasa saling percaya;
- Memungkinkan pasangan merasa dihargai karena bisa membantu.

Hubungan Interpersonal yang Sehat Membutuhkan Kesadaran Diri

Semua prinsip di atas berjalan efektif jika seseorang memiliki kesadaran diri: mengenali perasaan, pola pikir, dan reaksi diri. Kesadaran diri memungkinkan:

- Memahami mengapa bereaksi tertentu;
- Memilih respons yang lebih konstruktif;
- Memperbaiki pola interaksi yang merusak.

Tanpa kesadaran diri, komunikasi bisa menjadi mekanis, konflik berulang, dan ikatan emosional melemah.

Refleksi dan Latihan untuk Pembaca

Beberapa latihan sederhana untuk memperkuat dasar hubungan sehat:

1. **Jurnal Emosi:** Catat perasaan setiap hari dan identifikasi pemicunya;
2. **Latihan Mendengar Aktif:** Dengarkan pasangan selama 5 menit tanpa menyela, lalu rangkum apa yang didengar;
3. **Latihan "Aku" Statement:** Ubah keluhan menjadi pernyataan perasaan pribadi;
4. **Cek Batasan:** Tentukan satu batasan sehat yang ingin diterapkan dan komunikasikan dengan pasangan.

Latihan-latihan ini membangun fondasi yang kuat sebelum menghadapi konflik besar.

Penutup

Hubungan interpersonal yang sehat tidak dibangun secara instan. Ia membutuhkan **komunikasi yang jelas, empati, kepercayaan, dan kesadaran diri**. Bab ini memberikan dasar untuk memahami diri sendiri dan pasangan sebelum kita memasuki bab-bab berikutnya tentang **konflik, penyelesaian masalah, dan dinamika hubungan yang lebih kompleks**.

Bab 12

Mengelola Konflik dalam Hubungan: Dari Ketegangan Menuju Koneksi

Pendahuluan: Konflik Tidak Selalu Negatif

Konflik dalam hubungan sering dianggap hal yang menakutkan. Banyak orang berpikir, "Kalau kita bertengkar, berarti hubungan ini bermasalah." Padahal, konflik adalah bagian alami dari hubungan yang sehat.

Psikologi menekankan bahwa konflik bukanlah tanda kegagalan, melainkan **indikator adanya kebutuhan yang belum terpenuhi, nilai yang berbeda, atau komunikasi yang belum efektif**.

Mengelola konflik dengan cara yang sehat bukan hanya mengurangi rasa sakit, tetapi juga memperkuat kepercayaan, empati, dan koneksi emosional. Bab ini akan membahas:

- Mengapa konflik muncul;
- Tipe konflik yang umum;
- Strategi psikologis untuk menyelesaikan konflik;
- Contoh nyata penerapan strategi dalam hubungan.

Mengapa Konflik Muncul dalam Hubungan

Konflik biasanya muncul karena perbedaan antara dua individu yang memiliki latar belakang, nilai, dan harapan berbeda. Beberapa penyebab utama antara lain:

Perbedaan Nilai dan Keyakinan

- Misalnya, satu pasangan mengutamakan keteraturan, sementara yang lain lebih santai;
- Perbedaan ini wajar, tetapi jika tidak disadari, bisa menjadi sumber friksi.

Kebutuhan Emosional yang Tidak Tersampaikan

- Setiap orang memiliki kebutuhan emosional, seperti ingin diperhatikan atau dihargai;
- Jika kebutuhan ini tidak diungkapkan, pasangan bisa salah paham, dan konflik muncul.

Komunikasi yang Kurang Jelas

- Nada bicara, kata-kata, atau bahasa tubuh bisa disalahartikan;
- Misalnya, kritik yang disampaikan dengan nada bercanda bisa terasa menyakitkan bagi pasangan yang sensitif.

Stres dan Tekanan Eksternal

- Konflik tidak selalu berasal dari masalah internal hubungan;
- Tekanan pekerjaan, finansial, atau keluarga besar bisa memicu ketegangan yang kemudian diarahkan pada pasangan.

Tipe-Tipe Konflik dalam Hubungan

Memahami tipe konflik membantu memilih strategi penyelesaian yang tepat.

Konflik Tujuan

- Terjadi ketika dua orang memiliki tujuan berbeda;

- **Contoh:** Satu pasangan ingin berlibur santai, yang lain ingin melakukan aktivitas penuh jadwal.

Konflik Nilai

- Berkaitan dengan keyakinan, prinsip, atau moral;
- **Contoh:** Perbedaan pandangan soal pengasuhan anak atau prioritas hidup.

Konflik Peran dan Tanggung Jawab

- Berkaitan dengan ekspektasi terhadap peran masing-masing dalam hubungan;
- **Contoh:** Salah satu pasangan merasa beban pekerjaan rumah tidak terbagi adil.

Konflik Emosi

- Berkaitan dengan perasaan yang muncul akibat perilaku atau kata-kata pasangan;
- **Contoh:** Marah atau kecewa karena pasangan terlambat menepati janji.

Reaksi Umum terhadap Konflik

Manusia bereaksi berbeda terhadap konflik, dan cara reaksi ini memengaruhi hasil hubungan:

Menghindar

- Orang cenderung diam, menjauh, atau tidak membahas masalah;

- **Kelebihan:** memberi waktu menenangkan diri;
- **Kekurangan:** masalah tidak terselesaikan dan bisa menumpuk.

Menghadapi Secara Agresif

- Melibatkan marah, menyalahkan, atau menyerang pasangan;
- **Kelebihan:** mengeluarkan perasaan;
- **Kekurangan:** merusak komunikasi dan kepercayaan.

Mengalah atau Menyediakan Semua

- Mengorbankan diri sendiri demi menghindari konflik;
- **Kelebihan:** menciptakan ketenangan sementara;
- **Kekurangan:** bisa menimbulkan rasa frustrasi, ketidakpuasan, dan kehilangan identitas.

Mengelola Konflik Secara Konstruktif

- Memahami masalah, mendengarkan pasangan, dan mencari solusi bersama;
- Ini adalah pendekatan yang paling sehat dalam jangka panjang.

Strategi Psikologis Mengelola Konflik

Kesadaran Emosional

- Sadari emosi sendiri sebelum bereaksi;
- **Tanyakan:** "Apakah ini kemarahan, kecewa, atau takut?"
- Dengan kesadaran ini, kita bisa memilih respons yang lebih konstruktif.

Menjeda sebelum Merespons

- Ketika emosi memuncak, ambil jeda;
- **Teknik sederhana:** tarik napas dalam 5–10 kali, atau berjalan sebentar;
- **Tujuannya:** memberi otak waktu untuk berpikir rasional, bukan impulsif.

Gunakan Bahasa "Aku"

- Fokus pada perasaan sendiri, bukan menyalahkan pasangan;
- **Contoh:** "Aku merasa sedih saat kita tidak sempat bicara" lebih efektif daripada "Kamu selalu sibuk!"

Dengarkan dengan Aktif

- Tunjukkan perhatian penuh saat pasangan berbicara;
- Rangkum atau ulangi kata-kata mereka untuk memastikan pemahaman: "Jadi kamu merasa kecewa karena aku lupa memberi kabar, ya?"

Cari Solusi Bersama

- Alih-alih mencari siapa yang benar, fokus pada bagaimana masalah ini bisa diselesaikan;
- Brainstorm ide tanpa menghakimi, lalu pilih solusi yang realistis.

Memahami Perspektif Pasangan

- Coba lihat situasi dari sudut pandang pasangan;
- Ini meningkatkan empati dan mengurangi reaksi defensif.

Kesalahan Umum yang Memperburuk Konflik

1. **Mengulang Masalah Lama**
   - Membawa masalah lama ke konflik baru sering memperbesar ketegangan.
2. **Menyalahkan atau Mengkritik Secara Umum**
   - Kata-kata seperti "Kamu selalu..." membuat pasangan defensif.
3. **Menolak Berkomunikasi**
   - Diam atau menghindar tanpa menyelesaikan masalah menciptakan jarak emosional.
4. **Overthinking**
   - Membayangkan skenario terburuk, asumsi negatif, atau menilai motivasi pasangan bisa memperkeruh konflik.

Memanfaatkan Konflik sebagai Kesempatan

Konflik bisa menjadi peluang jika dikelola dengan benar:

- **Meningkatkan Pemahaman**
  - Konflik mendorong pasangan untuk mengungkapkan perasaan dan kebutuhan yang tersembunyi.
- **Memperkuat Ikatan**
  - Menyelesaikan konflik dengan sehat meningkatkan rasa saling percaya dan kedekatan emosional.
- **Pertumbuhan Pribadi**
  - Konflik mengajarkan kesabaran, empati, dan keterampilan komunikasi.

Teknik Praktis Mengelola Konflik

Teknik Time-Out

- Ambil waktu jeda saat emosi memuncak;
- Tetapkan waktu kembali untuk membahas masalah;
- **Contoh:** "Aku butuh 15 menit untuk menenangkan diri, nanti kita lanjut bicara."

Teknik Grounding

- Fokus pada sensasi tubuh untuk menenangkan diri;
- **Contoh:** rasakan kaki di lantai, tarik napas dalam, fokus pada detak jantung.

Teknik Negosiasi

- Tentukan prioritas masing-masing, lalu cari titik temu;
- **Contoh:** pasangan ingin pergi ke rumah teman, sementara kamu ingin tetap di rumah. Bisa dicari solusi: pergi setengah waktu, atau bergantian jadwal.

Teknik Menulis Perasaan

- Jika sulit bicara, tulis perasaan dulu;
- Ini membantu menata pikiran sebelum menyampaikan pada pasangan.

Menjaga Emosi Setelah Konflik

Konflik tidak berakhir begitu masalah dibahas. Emosi bisa tetap memuncak. Cara menjaga emosi setelah konflik:

1. **Refleksi Diri**

  - Evaluasi respons diri: apa yang berjalan baik, apa yang perlu diperbaiki.
2. **Komunikasi Lanjutan**
   - Setelah emosi mereda, bicara lagi untuk memastikan kesepahaman.
3. **Memaafkan dan Menerima**
   - Konflik tidak selalu menghasilkan kesepakatan sempurna. Memaafkan membantu melepaskan dendam dan memperbaiki koneksi emosional.

Contoh Kasus Nyata

Kasus 1: Perbedaan Jadwal

- Rina dan Dika sering bertengkar karena jadwal berbeda;
- Rina merasa diabaikan, Dika merasa ditekan.

Strategi:

- Time-out saat emosi tinggi;
- Diskusi dengan bahasa "aku": "Aku merasa sedih ketika kita jarang bertemu";
- **Negosiasi:** buat jadwal bertemu dua kali seminggu, sisanya bisa fleksibel.

Hasil: konflik berkurang, kualitas waktu bersama meningkat.
Kasus 2: Kritik Keluarga

- Andi merasa pasangan menekan untuk menuruti kritik keluarga;
- Pasangan merasa Andi terlalu defensif.

Strategi:

- Grounding untuk menenangkan emosi;
- Diskusi empatik: mendengar perasaan masing-masing;
- **Cari solusi:** batasan keluarga dan komunikasi internal pasangan.

Hasil: konflik berkurang, pasangan merasa dihargai, batasan keluarga jelas.

Refleksi untuk Pembaca

Latihan untuk meningkatkan keterampilan mengelola konflik:

1. Identifikasi satu konflik kecil yang belum selesai;
2. Tulis perasaan dan kebutuhanmu;
3. Buat rencana komunikasi dengan bahasa "aku";
4. Gunakan satu teknik praktis seperti time-out, grounding, atau menulis perasaan;
5. Setelah diskusi, evaluasi hasilnya: apa yang berhasil, apa yang perlu diperbaiki.

Refleksi ini membiasakan pembaca untuk menghadapi konflik dengan kepala dingin dan hati terbuka.

Penutup

Konflik adalah bagian alami hubungan yang sehat. Yang menentukan kualitas hubungan bukan konflik itu sendiri, tetapi **cara kita mengelolanya**. Dengan kesadaran emosional, komunikasi efektif, empati, dan strategi praktis, konflik dapat menjadi **jembatan menuju koneksi yang lebih dalam**, bukan jurang yang memisahkan.

Bab selanjutnya, **Bab 13**, akan membahas **komunikasi efektif lebih dalam**, termasuk bahasa tubuh, nada bicara, dan komunikasi digital—hal-hal yang sering menjadi akar konflik jika tidak diperhatikan.

Bab 13

Komunikasi Efektif dalam Hubungan: Kunci Mengurangi Konflik dan Meningkatkan Kedekatan

Pendahuluan: Mengapa Komunikasi Adalah Tulang Punggung Hubungan

Hubungan interpersonal yang sehat tidak dibangun hanya dari cinta atau kedekatan emosional. Salah satu fondasi terpenting adalah **komunikasi efektif**. Bahkan pasangan yang saling mencintai dapat terjebak dalam konflik berulang jika komunikasi mereka tidak jelas atau penuh asumsi.

Psikologi sosial menekankan bahwa komunikasi bukan sekadar pertukaran kata, tetapi juga **cara mengekspresikan emosi, memahami perspektif, dan membangun koneksi**.

Bab ini akan membahas:

- Prinsip komunikasi efektif;
- Komunikasi verbal dan nonverbal;
- Kesalahan umum yang merusak komunikasi;
- Komunikasi digital dalam era modern;
- Latihan praktis untuk membangun komunikasi sehat.

Prinsip Dasar Komunikasi Efektif

Komunikasi efektif adalah proses dua arah di mana kedua pihak dapat:

1. Menyampaikan pesan dengan jelas;
2. Mendengar dan memahami pesan pasangan;
3. Memberikan respons yang membangun.

Prinsip dasar komunikasi efektif antara lain:

Kejelasan

- Hindari kata-kata ambigu;
- **Contoh:** Alih-alih berkata "Kamu selalu begitu", lebih baik: "Aku merasa kecewa ketika kita tidak sempat ngobrol semalam".

Keterbukaan

- Bersikap terbuka terhadap sudut pandang pasangan;
- Jangan langsung menolak atau menilai pendapat pasangan.

Konsistensi

- Pastikan ucapan dan tindakan selaras;
- Orang akan lebih mudah percaya jika perkataan dan perilaku konsisten.

Komunikasi Verbal: Lebih dari Kata-kata

Komunikasi verbal adalah komunikasi yang menggunakan kata-kata secara langsung. Dalam hubungan, kualitas komunikasi verbal menentukan:

- Pemahaman bersama;
- Pengelolaan konflik;
- Kepuasan hubungan.

Bahasa "Aku" vs. Bahasa "Kamu"

Bahasa "aku" menekankan perasaan dan pengalaman pribadi tanpa menyalahkan.

- **Contoh:** "Aku merasa sedih saat kita jarang berbicara";
- Bahasa "kamu" cenderung menyalahkan dan menimbulkan defensif;
- **Contoh yang tidak efektif:** "Kamu selalu sibuk, tidak peduli padaku!".

Gunakan Kata Positif

- Fokus pada apa yang diinginkan, bukan yang tidak diinginkan.
- **Contoh:** "Aku ingin kita makan malam bersama tiga kali seminggu" lebih konstruktif daripada "Kamu tidak pernah meluangkan waktu untukku!"

Kesabaran dalam Menyampaikan Pesan

- Jangan mengharapkan pasangan langsung mengerti perasaanmu;
- Ulangi atau jelaskan dengan tenang jika perlu.

Komunikasi Nonverbal: Lebih Banyak Bicara Tanpa Kata

Psikologi menunjukkan bahwa sebagian besar komunikasi manusia bersifat nonverbal:

- Ekspresi wajah;
- Gerak tubuh;
- Nada suara;

- Kontak mata.

Komunikasi nonverbal dapat memperkuat atau merusak pesan verbal.

Nada Suara

- Nada yang tenang menenangkan konflik, sedangkan nada tinggi memicu defensif.

Bahasa Tubuh

- Menyilangkan tangan dapat menunjukkan defensif, sementara membuka tangan menunjukkan keterbukaan;
- Kontak mata yang sesuai meningkatkan kepercayaan dan koneksi emosional.

Ekspresi Wajah

- Senyum tulus atau anggukan kecil bisa memperkuat komunikasi positif;
- Wajah datar atau tatapan tajam bisa menimbulkan kesalahpahaman.

Komunikasi Digital: Tantangan Era Modern

Dalam era digital, banyak pasangan berinteraksi melalui pesan teks, media sosial, atau video call. Komunikasi digital memiliki kelebihan dan tantangan:

Kelebihan

- Memudahkan komunikasi jarak jauh;
- Memberikan waktu refleksi sebelum menanggapi.

Tantangan

- Nada dan ekspresi sulit tersampaikan;
- Pesan bisa disalahartikan;
- Respon lambat dapat memicu kecemasan.

Strategi Komunikasi Digital

- Gunakan emoji atau kata-kata yang jelas untuk mengekspresikan emosi;
- Hindari konflik serius melalui chat; lebih baik bicara langsung;
- Tetapkan "aturan" komunikasi digital: misalnya, tidak mengirim pesan marah tengah malam.

Hambatan Komunikasi dalam Hubungan

Beberapa hambatan umum yang sering merusak komunikasi:

1. **Asumsi Tanpa Klarifikasi**
    - **Contoh:** "Dia pasti marah padaku karena dia diam."
2. **Menyela atau Tidak Mendengarkan**
    - Membuat pasangan merasa tidak dihargai
3. **Overthinking**
    - Membayangkan motivasi negatif pasangan tanpa bukti
4. **Bahasa Ambigu atau Sarkastik**
    - Bisa menimbulkan salah paham

Teknik Praktis Komunikasi Efektif

Mendengar Aktif

- Fokus penuh pada pasangan saat berbicara;
- Gunakan umpan balik verbal atau nonverbal untuk menunjukkan perhatian;
- Rangkum kata-kata pasangan untuk memastikan pemahaman.

Teknik Parafrase

- Mengulang kata pasangan dengan gaya sendiri untuk memastikan memahami pesan;
- **Contoh:** "Jadi kamu merasa kecewa karena aku lupa memberi kabar, ya?"

Mengelola Emosi Saat Berbicara

- Jangan berbicara saat emosi memuncak;
- Gunakan jeda atau teknik grounding untuk menenangkan diri.

Latihan Kesadaran Nonverbal

- Perhatikan postur, ekspresi wajah, dan nada suara;
- Pastikan komunikasi nonverbal mendukung pesan verbal.

Komunikasi dalam Konflik

Komunikasi efektif sangat penting saat konflik. Strategi yang bisa diterapkan:

1. Gunakan bahasa "aku";

2. Hindari menyalahkan atau mengkritik secara umum;
3. Fokus pada masalah, bukan karakter pasangan;
4. Dengarkan perspektif pasangan sepenuhnya sebelum memberi tanggapan.

Contoh Praktis:

- Pasangan A merasa diabaikan karena pasangan B sibuk kerja;
- Komunikasi buruk: "Kamu selalu sibuk! Tidak peduli padaku!"
- Komunikasi efektif: "Aku merasa kesepian ketika kita tidak sempat bicara. Bisa kita cari waktu untuk ngobrol?"

Komunikasi Positif: Membangun Ikatan dan Kepercayaan

Komunikasi bukan hanya untuk menyelesaikan konflik, tetapi juga membangun ikatan. Beberapa strategi:

- Memberikan pujian tulus secara rutin;
- Menunjukkan apresiasi atas usaha pasangan;
- Berbagi cerita, harapan, dan perasaan tanpa takut dihakimi;
- Mengajukan pertanyaan terbuka untuk memahami pasangan lebih dalam.

Latihan Praktis untuk Meningkatkan Komunikasi

1. **Jurnal Komunikasi:** Catat komunikasi yang berjalan baik dan yang menimbulkan konflik;
2. **Latihan Mendengar Aktif:** Dengarkan pasangan tanpa menyela selama 5–10 menit, lalu rangkum kata-katanya;
3. **Latihan Bahasa "Aku":** Ubah keluhan menjadi pernyataan

perasaan pribadi;

4. **Latihan Nonverbal:** Perhatikan bahasa tubuh dan nada suara saat berbicara;
5. **Latihan Komunikasi Digital:** Kirim pesan yang jelas dan positif, hindari nada ambigu atau sarkastik.

Studi Kasus Nyata

Kasus 1: Kesalahpahaman Pesan Singkat

- Rina merasa pasangan tidak peduli karena hanya membalas pesan dengan "ok."
- Pasangan merasa sibuk dan tidak sempat menulis panjang;
- **Solusi:** Diskusi terbuka mengenai ekspektasi komunikasi digital. Kesepakatan: gunakan pesan singkat untuk informasi, panggilan untuk hal penting.

Kasus 2: Nada Bicara Menjadi Pemicu Konflik

- Andi merasa tersinggung karena pasangan bercanda dengan nada sarkastik;
- **Solusi:** Latihan kesadaran nada suara, diskusi tentang batas humor yang aman.

Hasil: hubungan lebih harmonis, konflik berkurang, komunikasi meningkat.

Refleksi untuk Pembaca

Beberapa pertanyaan reflektif:

1. Bagaimana gaya komunikasiku selama ini?
2. Apakah aku sering menyalahkan atau menggunakan bahasa

"kamu"?
3. Bagaimana cara aku mendengar dan memahami pasangan?
4. Apakah komunikasi digitalku jelas dan mendukung hubungan?
5. Teknik komunikasi mana yang bisa aku praktikkan minggu ini?

Melalui refleksi, pembaca bisa membangun kesadaran dan mulai mempraktikkan komunikasi efektif secara konsisten.

Penutup

Komunikasi efektif adalah tulang punggung hubungan yang sehat. Kata-kata yang jelas, bahasa tubuh yang mendukung, nada suara yang tepat, dan komunikasi digital yang sadar dapat mencegah konflik dan memperkuat ikatan emosional. Latihan komunikasi, kesadaran diri, dan empati adalah kunci agar pesan tersampaikan dengan benar dan diterima dengan baik.

Bab selanjutnya, **Bab 14**, akan membahas **strategi penyelesaian konflik lebih mendalam**, termasuk negosiasi, kompromi, dan pemulihan hubungan setelah konflik besar.

Bab 14

Strategi Penyelesaian Konflik dan Pemulihan Hubungan

Pendahuluan: Konflik adalah Kesempatan untuk Pertumbuhan

Setiap hubungan pasti menghadapi konflik. Namun, kualitas hubungan tidak ditentukan oleh ada atau tidaknya konflik, melainkan oleh **cara kita menyelesaikannya**. Konflik yang dikelola dengan bijaksana dapat menjadi kesempatan untuk memperkuat ikatan, meningkatkan empati, dan memahami pasangan lebih dalam.

Bab ini akan membahas:

- Prinsip psikologis penyelesaian konflik;
- Strategi praktis untuk negosiasi dan Kompromi;
- Teknik pemulihan hubungan setelah konflik;
- Latihan untuk meningkatkan keterampilan menyelesaikan konflik.

Prinsip Psikologis Penyelesaian Konflik

Fokus pada Masalah, Bukan Orang

Konflik sering kali berubah menjadi personal ketika kritik diarahkan pada karakter pasangan, bukan masalah itu sendiri. Psikologi interpersonal menekankan pentingnya memisahkan **masalah** dari **orangnya**.

- **Tidak efektif:** "Kamu selalu egois!"
- **Efektif:** "Aku merasa kecewa ketika keputusan dibuat tanpa berdiskusi"

Saling Mendengar

Setiap orang ingin didengar. Mendengarkan pasangan sepenuh hati, tanpa mencela atau menilai, adalah langkah penting untuk memahami akar konflik.

Mengelola Emosi

Ketika emosi tinggi, kemampuan berpikir rasional menurun. Menunda pembicaraan sampai emosi mereda memungkinkan diskusi lebih produktif.

Bersikap Terbuka untuk Kompromi

Hubungan yang sehat tidak selalu berarti semua keinginan tercapai. Kompromi dan fleksibilitas penting untuk solusi yang menguntungkan kedua pihak.

Kesadaran Diri dan Empati

Menyadari emosi diri sendiri dan memahami perasaan pasangan membuat penyelesaian konflik lebih manusiawi dan efektif.

Strategi Negosiasi dalam Hubungan

Negosiasi adalah proses mencari solusi yang diterima kedua pihak. Dalam hubungan, negosiasi harus dilakukan dengan pendekatan **win-win**, bukan memenangkan satu pihak.

Langkah Negosiasi

1. **Identifikasi Masalah Utama**
   - Pisahkan masalah dari emosi yang muncul;
   - **Contoh:** pertengkaran karena jadwal berbeda → inti masalah: kualitas waktu bersama.
2. **Ungkapkan Perasaan dan Kebutuhan**
   - Gunakan bahasa "aku" untuk menyampaikan perasaan dan kebutuhan tanpa menyalahkan.
3. **Dengarkan Perspektif Pasangan**
   - Parafrase kata pasangan untuk memastikan pemahaman.
4. **Brainstorm Solusi Bersama**
   - Tuliskan semua ide, tanpa menilai;
   - Pilih solusi yang realistis dan bisa diterapkan.
5. **Tentukan Kesepakatan dan Evaluasi**
   - Sepakati langkah konkret dan waktu evaluasi hasilnya.

Teknik Kompromi yang Sehat

Kompromi bukan berarti menyerah, tetapi menemukan titik temu. Beberapa prinsip:

- **Prioritaskan masalah penting**: Fokus pada hal-hal yang esensial, bukan hal sepele;
- **Berikan konsesi dengan ikhlas**: Jangan menahan konsesi untuk balas dendam;
- **Tetap hormati kebutuhan pasangan**: Jangan mengorbankan pasangan secara emosional atau praktis;
- **Perjelas kesepakatan:** Catat atau ucapkan secara jelas agar tidak menimbulkan kebingungan.

Contoh Kasus: Pasangan ingin liburan berbeda: A ingin ke pantai, B ingin ke pegunungan.

- **Negosiasi:** Cari tujuan alternatif atau bagi waktu, misal tiga hari di pantai dan dua hari di pegunungan;
- **Hasil:** Kedua pihak merasa dihargai, konflik selesai secara konstruktif.

Menyelesaikan Konflik Emosional

Konflik emosional sering muncul dari perasaan terluka, cemburu, atau marah. Strategi psikologis efektif:

Teknik Time-Out

- Ambil jeda ketika emosi memuncak;
- **Tujuannya:** mencegah kata-kata atau tindakan yang merusak hubungan.

Teknik Grounding

- Fokus pada tubuh dan sensasi fisik untuk menenangkan diri:
    - Rasakan kaki di lantai;
    - Tarik napas dalam beberapa kali;
    - Sadari detak jantung dan napas.

Teknik Penulisan Perasaan

- Menulis perasaan sebelum berbicara memungkinkan menata pikiran dan menghindari kata-kata yang menyakitkan.

Teknik Refleksi

- Setelah emosi mereda, refleksikan:

  - Apa yang memicu perasaan ini?
  - Apa yang sebenarnya aku butuhkan dari pasangan?

Pemulihan Hubungan Setelah Konflik Besar

Konflik besar bisa meninggalkan luka emosional jika tidak diatasi. Pemulihan hubungan membutuhkan beberapa langkah psikologis:

Memaafkan

- Memaafkan bukan berarti melupakan, tetapi melepaskan dendam agar hubungan bisa pulih;
- Fokus pada perasaan dan kebutuhan masa depan, bukan hanya kesalahan masa lalu.

Membuka Ruang Dialog

- Setelah emosi mereda, buka dialog jujur:
  - Apa yang dirasakan;
  - Apa yang diharapkan ke depan.

Mengembalikan Kepercayaan

- Kepercayaan yang rusak harus dibangun kembali melalui:
  - Konsistensi dalam perkataan dan tindakan;
  - Transparansi;
  - Menepati janji.

Menetapkan Aturan Baru

- Setelah konflik besar, buat kesepakatan baru agar masalah serupa tidak muncul lagi;

- **Contoh:** "Jika salah satu merasa kesal, kita akan bicara dalam 1 jam, bukan marah diam-diam."

Teknik Psikologi Lanjutan untuk Memperkuat Hubungan Pasca Konflik

Latihan Empati

- Setiap pasangan menulis perspektif pasangannya selama 5 menit;
- **Tujuannya:** memahami perasaan dan kebutuhan pasangan.

Reframing Positif

- Alihkan fokus dari masalah menjadi peluang pembelajaran;
- **Contoh:** "Konflik ini mengajarkan kita komunikasi lebih jelas."

Ritual Pemulihan

- Lakukan kegiatan yang mempererat ikatan setelah konflik: makan malam bersama, jalan santai, atau berbagi cerita.

Komunikasi Afirmasi

- Ucapkan kalimat positif untuk menguatkan ikatan:
    - "Aku menghargai usaha kamu."
    - "Aku senang kita bisa bicara dengan tenang hari ini."

Kesalahan Umum Setelah Konflik

- **Mengabaikan luka emosional:** membuat masalah berulang;
- Menyalahkan pasangan secara diam-diam;

- Membiarkan komunikasi menjadi dingin dan formal;
- Tidak membangun kepercayaan kembali.

Semua ini dapat dicegah dengan kesadaran, komunikasi terbuka, dan strategi pemulihan yang konsisten.

Latihan Praktis untuk Penyelesaian Konflik

1. **Identifikasi Konflik Tertunda**: Tuliskan satu konflik yang belum terselesaikan;
2. **Ekspresikan Perasaan**: Gunakan bahasa "aku" untuk menulis perasaan dan kebutuhan;
3. **Negosiasi Solusi**: Buat daftar solusi dan pilih yang realistis;
4. **Refleksi Pasca Konflik**: Evaluasi apa yang berhasil dan apa yang perlu diperbaiki;
5. **Pemulihan Hubungan**: Lakukan ritual kecil untuk mempererat ikatan, seperti pelukan atau makan malam bersama.

Contoh Kasus Nyata

Kasus 1: Konflik Finansial

- A dan B sering bertengkar karena prioritas pengeluaran berbeda;
- **Penyelesaian:** Buat anggaran bersama, tentukan kategori pengeluaran masing-masing, dan evaluasi setiap bulan;
- **Hasil:** Konflik berkurang, keuangan lebih teratur, komunikasi meningkat.

Kasus 2: Konflik Keluarga Besar

- Pasangan merasa terganggu oleh campur tangan orang tua;
- **Penyelesaian:** Diskusi terbuka tentang batasan keluarga, membuat kesepakatan internal, dan menyampaikan dengan sopan pada keluarga;
- **Hasil:** Hubungan internal pasangan lebih kuat, konflik eksternal berkurang.

Refleksi untuk Pembaca

Beberapa pertanyaan reflektif:

1. Bagaimana aku biasanya menghadapi konflik dalam hubungan?
2. Apakah aku lebih cenderung menghindar, menyerang, atau kompromi?
3. Strategi mana yang bisa aku praktikkan untuk penyelesaian konflik berikutnya?
4. Bagaimana aku bisa memulihkan hubungan setelah konflik besar?
5. Apa langkah konkrit minggu ini untuk membangun komunikasi dan kepercayaan pasca konflik?

Melalui refleksi, pembaca dapat menilai pola perilaku sendiri dan mulai membangun strategi penyelesaian konflik yang sehat dan berkelanjutan.

Penutup

Konflik bukanlah akhir hubungan, tetapi kesempatan untuk tumbuh bersama. Dengan strategi psikologis yang tepat, negosiasi, kompromi, empati, dan pemulihan, hubungan dapat menjadi lebih kuat, lebih jujur, dan lebih harmonis. Penyelesaian konflik yang sehat bukan hanya mengurangi ketegangan, tetapi juga meningkatkan kualitas ikatan emosional dan kepercayaan.

Bab selanjutnya, **Bab 15**, akan membahas **mengelola hubungan interpersonal sehari-hari**, termasuk membangun rutinitas emosional yang sehat, komunikasi berkelanjutan, dan kebiasaan kecil yang memperkuat koneksi.

Bab 15

Hubungan Sehari-hari dan Kebiasaan Positif: Membangun Koneksi yang Stabil

Pendahuluan: Kekuatan Hubungan dalam Kehidupan Sehari-hari

Hubungan yang sehat tidak terbentuk hanya dari momen-momen besar atau romantis. Justru, **interaksi sehari-hari** yang konsisten, komunikasi yang jujur, dan kebiasaan positiflah yang menjadi fondasi kuat bagi ikatan yang tahan lama. Psikologi relasional menunjukkan bahwa pasangan atau teman yang mampu mempertahankan rutinitas emosional positif memiliki tingkat kepuasan hubungan lebih tinggi, lebih sedikit konflik, dan rasa percaya yang kuat.

Bab ini akan membahas:

- Pentingnya rutinitas emosional;
- Komunikasi sehari-hari yang mendukung hubungan;
- Kebiasaan positif yang memperkuat ikatan;
- Strategi menghadapi stres sehari-hari tanpa merusak hubungan.

Pentingnya Rutinitas Emosional dalam Hubungan

Rutinitas emosional adalah kebiasaan kecil yang dilakukan secara konsisten untuk menjaga kualitas interaksi dan kedekatan. Contoh rutinitas emosional termasuk:

- Menyapa pasangan atau teman dengan hangat setiap pagi;
- Menanyakan kabar secara rutin;

- Memberikan apresiasi atas hal-hal kecil;
- Mendengarkan cerita harian dengan fokus.

Dampak Psikologis Rutinitas Emosional

1. **Meningkatkan rasa aman**
    - Rutinitas menciptakan kepastian dan kepercayaan.
2. **Mengurangi konflik kecil**
    - Saat kebutuhan emosional terpenuhi secara konsisten, potensi frustrasi berkurang.
3. **Membentuk ikatan positif jangka panjang**
    - Interaksi positif yang sering meningkatkan oksitosin, hormon yang mendukung rasa kedekatan.

Contoh Praktis

- Sarah dan Budi memiliki kebiasaan "chat pagi" setiap hari. Sekadar menanyakan tidur malamnya atau semangat kerja;
- Dampak: meskipun sibuk, mereka merasa terhubung dan lebih sabar menghadapi masalah.

Komunikasi Sehari-hari yang Mendukung Hubungan

Komunikasi Verbal Ringan

- Tidak selalu harus tentang masalah serius;
- Menyampaikan pujian, rasa syukur, atau sekadar bercanda meningkatkan mood dan koneksi;
- **Contoh:** "Terima kasih sudah membuat kopi pagi ini, aku senang sekali".

Komunikasi Nonverbal Sehari-hari

- Kontak mata, senyuman, sentuhan ringan, atau pelukan singkat membangun koneksi tanpa kata-kata;
- Studi psikologi menunjukkan bahwa kontak fisik yang konsisten meningkatkan kedekatan emosional dan rasa aman dalam hubungan.

Mendengarkan Secara Aktif

- Mendengarkan cerita harian tanpa menyela atau menilai adalah bentuk perhatian yang memperkuat hubungan;
- **Latihan:** ulangi kata-kata pasangan untuk memastikan pemahaman: "Jadi hari ini kamu merasa stres karena rapat yang panjang, ya?"

Kebiasaan Positif yang Memperkuat Ikatan

Kebiasaan kecil sehari-hari memiliki dampak besar jika dilakukan konsisten. Beberapa kebiasaan efektif:

Memberikan Apresiasi

- Mengucapkan terima kasih atau pujian secara rutin;
- **Contoh:** "Aku menghargai cara kamu menenangkan anak tadi, itu sangat membantu".

Melakukan Aktivitas Bersama

- Bisa berupa olahraga ringan, memasak, atau jalan sore;
- Aktivitas bersama meningkatkan rasa kebersamaan dan kerja sama.

Ritual Kecil Sebelum Tidur

- Menanyakan satu hal positif dari hari ini atau berbagi cerita singkat;
- Membantu menutup hari dengan perasaan positif dan mengurangi konflik tak terselesaikan.

Menghargai Ruang Pribadi

- Memberi waktu untuk hobi atau kegiatan individu tanpa merasa diabaikan;
- Psikologi menunjukkan bahwa pasangan yang bisa menghargai ruang pribadi memiliki kepuasan hubungan lebih tinggi.

Mengelola Stres Sehari-hari dalam Hubungan

Stres sehari-hari bisa memicu konflik kecil jika tidak dikelola dengan baik. Strategi psikologis:

Ekspresikan Perasaan dengan Tepat

- Daripada menyimpan frustrasi, ungkapkan perasaan dengan bahasa "aku";
- Contoh: "Aku merasa lelah dan butuh waktu untuk menenangkan diri dulu".

Gunakan Teknik Relaksasi Bersama

- Meditasi singkat, peregangan, atau olahraga ringan bersama dapat meredakan ketegangan.

Jangan Membawa Stres Kerja ke Rumah

- Pisahkan masalah eksternal dari hubungan;
- Diskusi tentang stres harus dilakukan dengan cara yang konstruktif, bukan menyalahkan pasangan.

Fokus pada Solusi Bersama

- Alih-alih menyalahkan, ajak pasangan untuk brainstorming solusi bersama.

Strategi Komunikasi Positif Sehari-hari

Latihan "3 Hal Positif"

- Setiap hari, sebutkan tiga hal positif tentang pasangan atau hubungan.
- **Contoh:** "Aku senang kamu menyiapkan makan malam, kamu mendengarkanku, dan kamu membuatku tertawa".

Komunikasi Terbuka Tentang Harapan

- Sampaikan ekspektasi atau kebutuhan dengan jelas tanpa menghakimi;
- **Contoh:** "Aku ingin kita punya waktu tanpa gadget setidaknya 30 menit tiap malam".

Gunakan Humor Sehat

- Humor dapat meredakan ketegangan, memperkuat koneksi, dan membuat hubungan lebih menyenangkan.

Menghadapi Konflik Kecil Sehari-hari

Tidak semua konflik harus menjadi besar. Konflik kecil yang diselesaikan dengan baik bisa memperkuat hubungan.

Tanda Konflik Kecil

- Ketegangan ringan, kesal kecil, atau perbedaan pendapat sederhana.

Strategi Mengatasi

1. Sadari perasaan diri sendiri;
2. Ungkapkan dengan bahasa "aku";
3. Dengarkan pasangan;
4. Cari solusi cepat tanpa menyimpan dendam.

Contoh Kasus

- Pasangan A kesal karena B lupa menaruh kunci mobil;
- Komunikasi efektif: "Aku kesal karena kunci hilang, bisa kita cari bersama?"
- Hasil: masalah terselesaikan tanpa memperbesar konflik.

Latihan Praktis untuk Hubungan Sehari-hari

1. **Jurnal Apresiasi**: Tuliskan satu hal positif setiap hari tentang pasangan atau teman;
2. **Rutinitas Pagi dan Malam**: Sapa pasangan di pagi hari dan tanyakan satu hal baik sebelum tidur;
3. **Aktivitas Bersama 15 Menit**: Luangkan waktu minimal 15 menit untuk kegiatan bersama tanpa gangguan;
4. **Latihan Mendengarkan Aktif**: Berikan pasangan 5 menit

berbicara, rangkum apa yang dikatakan tanpa menilai;

5. **Refleksi Mingguan**: Evaluasi interaksi positif dan perbaiki komunikasi jika ada konflik kecil.

Studi Kasus Nyata

Kasus 1: Kehilangan Kedekatan

- Rina dan Dika merasa jarak emosional muncul karena kesibukan;
- **Solusi:** Mulai "ritual chat pagi dan malam", menonton film bersama seminggu sekali, dan latihan apresiasi harian;
- **Hasil:** Kedekatan emosional meningkat, komunikasi lebih hangat, konflik kecil berkurang.

Kasus 2: Stres dan Kesal Sehari-hari

- Andi sering pulang kerja stres, mudah marah;
- **Solusi:** Diskusi tentang teknik relaksasi bersama, komunikasi bahasa "aku" untuk ekspresi stres, dan aktivitas ringan setelah kerja;
- **Hasil:** Stres tidak menumpuk dalam hubungan, konflik kecil berkurang, rasa saling mendukung meningkat.

Refleksi untuk Pembaca

Beberapa pertanyaan reflektif:

1. Apa rutinitas emosional positif yang sudah aku lakukan?
2. Bagaimana komunikasi sehari-hari kita? Apakah fokus pada positif atau keluhan?
3. Apakah kita punya aktivitas bersama yang memperkuat ikatan?

4. Bagaimana cara kita menghadapi stres sehari-hari tanpa menyakiti pasangan?
5. Strategi kecil apa yang bisa mulai diterapkan minggu ini untuk meningkatkan kedekatan?

Penutup

Hubungan yang sehat dibangun dari **kebiasaan positif sehari-hari**, komunikasi yang konsisten, dan perhatian terhadap kebutuhan emosional pasangan. Dengan rutinitas yang tepat, perhatian kecil, dan strategi menghadapi stres, hubungan dapat tetap hangat, harmonis, dan tangguh menghadapi konflik.

Segmen **Hubungan Interpersonal dan Konflik (Bab 11–15)** kini selesai, memberikan landasan kuat untuk memahami, menyelesaikan, dan memelihara hubungan interpersonal secara sehat.

Bab berikutnya, **Bab 16**, akan memasuki topik **Psikologi Kebahagiaan dan Kesadaran Diri**, termasuk bagaimana kebahagiaan pribadi memengaruhi hubungan interpersonal.

Bab 16

Psikologi Kebahagiaan dan Kesadaran Diri: Fondasi Hubungan Sehat

Pendahuluan: Mengapa Kebahagiaan Pribadi Penting

Banyak orang beranggapan bahwa kebahagiaan datang dari hubungan dengan pasangan atau orang lain. Faktanya, psikologi positif menekankan bahwa **kebahagiaan sejati dimulai dari diri sendiri**. Orang yang memiliki kesejahteraan emosional dan kesadaran diri yang tinggi cenderung membangun hubungan interpersonal yang lebih sehat, mampu mengelola konflik, dan menunjukkan empati lebih besar.

Bab ini membahas:

- Konsep kebahagiaan menurut psikologi;
- Faktor internal dan eksternal yang memengaruhi kebahagiaan;
- Pentingnya kesadaran diri dalam hubungan;
- Latihan praktis untuk meningkatkan kebahagiaan dan kesadaran diri.

Memahami Kebahagiaan Menurut Psikologi

Kebahagiaan tidak selalu sama dengan senang atau puas sesaat. Psikologi positif membedakan beberapa komponen kebahagiaan:

Hedonik vs. Eudaimonik

- **Hedonik**: kebahagiaan berbasis kesenangan atau kenikmatan. Contoh: makan makanan favorit, liburan;

- **Eudaimonik**: kebahagiaan berbasis makna, pencapaian tujuan, dan pertumbuhan diri. Contoh: membantu orang lain, mencapai target karier, mengembangkan keterampilan baru.

Kebahagiaan yang berkelanjutan biasanya menggabungkan keduanya: kesenangan sehari-hari dan rasa makna hidup.

Faktor Internal Kebahagiaan

- **Emosi Positif**: rasa syukur, cinta, harapan;
- **Kesadaran Diri**: memahami kekuatan dan kelemahan diri;
- **Resiliensi Emosional**: kemampuan bangkit setelah gagal atau menghadapi stres.

Faktor Eksternal Kebahagiaan

- Koneksi sosial yang sehat;
- Stabilitas finansial dasar;
- Lingkungan yang mendukung kesejahteraan fisik dan mental.

Hubungan Antara Kebahagiaan dan Hubungan Interpersonal

Studi psikologi menunjukkan bahwa kebahagiaan pribadi memengaruhi hubungan interpersonal:

1. **Orang Bahagia Lebih Menarik**
    - Orang yang puas dengan diri sendiri cenderung lebih ramah, empatik, dan positif, sehingga membangun hubungan lebih mudah.
2. **Kebahagiaan Mengurangi Konflik**
    - Orang yang puas dengan diri sendiri cenderung lebih

sabar dan mampu mengelola emosi negatif dalam konflik.

3. **Kebahagiaan Meningkatkan Dukungan Sosial**
    - Orang bahagia lebih mampu memberikan dukungan emosional, memperkuat ikatan interpersonal.

Contoh Kasus:

- Dina merasa puas dengan pencapaian pribadinya dan rutin melakukan meditasi. Hubungan dengan pasangannya lebih stabil, karena Dina mampu mengelola stres dan mendukung pasangannya saat konflik muncul.

Kesadaran Diri: Dasar Psikologis Kesejahteraan

Kesadaran diri adalah kemampuan mengenali pikiran, perasaan, dan perilaku diri sendiri. Psikologi menekankan kesadaran diri sebagai kunci untuk:

- Memahami emosi dan kebutuhan pribadi;
- Mengelola reaksi terhadap konflik;
- Menetapkan batasan sehat dalam hubungan.

Jenis Kesadaran Diri

1. **Kesadaran Emosional**: memahami emosi yang muncul dan apa pemicunya;
2. **Kesadaran Kognitif**: memahami pola pikir dan asumsi yang memengaruhi keputusan;
3. **Kesadaran Sosial**: memahami bagaimana perilaku dan emosi kita memengaruhi orang lain.

Dampak Kesadaran Diri

- Mengurangi stres karena kita lebih mampu menilai situasi dengan objektif;
- Meningkatkan kontrol diri dan kemampuan refleksi;
- Membantu komunikasi interpersonal lebih efektif.

Strategi Psikologi untuk Meningkatkan Kebahagiaan dan Kesadaran Diri

Latihan Syukur

- Tuliskan tiga hal yang disyukuri setiap hari;
- Fokus pada pengalaman positif kecil, bukan hanya pencapaian besar;
- Psikologi positif menunjukkan latihan syukur meningkatkan emosi positif, optimisme, dan kualitas hubungan.

Mindfulness dan Meditasi

- Fokus pada momen sekarang tanpa menilai;
- **Teknik:** tarik napas dalam, sadari sensasi tubuh, perhatikan pikiran yang muncul tanpa ikut terbawa;
- **Manfaat:** mengurangi stres, meningkatkan kesadaran diri, membantu mengelola emosi.

Refleksi Harian

- Catat pengalaman sehari-hari, emosi, dan reaksi terhadap situasi;
- Pertanyaan reflektif:
    - Apa yang membuatku bahagia hari ini?
    - Bagaimana aku bereaksi terhadap konflik?

- ◦ Apa yang bisa aku lakukan lebih baik besok?

Menetapkan Tujuan Pribadi

- Tujuan memberi arah hidup dan makna;
- Tetapkan tujuan realistis, terukur, dan sesuai nilai pribadi;
- Psikologi menunjukkan pencapaian tujuan meningkatkan kebahagiaan eudaimonik.

Kegiatan yang Membawa Flow

- **Flow:** kondisi ketika kita tenggelam sepenuhnya dalam aktivitas yang menantang tapi menyenangkan
- **Contoh:** seni, olahraga, menulis, belajar hal baru
- **Manfaat:** meningkatkan kepuasan pribadi dan mengurangi kecemasan

Mengelola Emosi Negatif untuk Kebahagiaan

Kebahagiaan bukan berarti tanpa emosi negatif. Strategi psikologis:

Penerimaan

- Sadari emosi negatif tanpa menolak atau menekan;
- **Contoh:** "Aku merasa cemas hari ini, dan itu wajar."

Reframing Positif

- Alihkan fokus dari sisi negatif menjadi pelajaran atau peluang;
- **Contoh:** "Konflik ini memberi kesempatan untuk komunikasi lebih baik."

Ekspresi Emosi Sehat

- Ungkapkan dengan bahasa "aku" atau melalui jurnal;
- Mengurangi penumpukan emosi yang dapat merusak hubungan.

Strategi Coping

- Olahraga, meditasi, hobi, atau berbicara dengan orang tepercaya;
- Membantu meredakan stres dan meningkatkan kesejahteraan.

Keterkaitan Kebahagiaan, Kesadaran Diri, dan Hubungan

Keseimbangan Diri

- Orang yang sadar diri lebih mampu menjaga keseimbangan antara kebutuhan pribadi dan kebutuhan pasangan atau teman.

Empati yang Tumbuh dari Kesadaran Diri

- Mengetahui emosi sendiri membantu memahami emosi orang lain;
- Hubungan interpersonal lebih harmonis karena empati meningkat.

Menjadi Agen Kebahagiaan

- Orang bahagia cenderung menularkan energi positif ke orang sekitar;
- Lingkungan sosial menjadi lebih suportif dan mendukung

pertumbuhan hubungan.

Latihan Praktis untuk Meningkatkan Kebahagiaan dan Kesadaran Diri

1. **Jurnal Syukur**: Catat 3 hal positif setiap hari, termasuk hubungan interpersonal;
2. **Latihan Mindfulness 10 Menit**: Fokus pada napas dan sensasi tubuh, lepaskan pikiran negatif;
3. **Refleksi Mingguan**: Evaluasi pengalaman emosional dan reaksi terhadap situasi sulit;
4. **Tujuan dan Flow**: Pilih satu aktivitas yang memberi makna dan buat target kecil tiap minggu;
5. **Ekspresi Emosi**: Latihan bahasa "aku" untuk menyampaikan perasaan tanpa menyalahkan.

Contoh Kasus Nyata

Kasus 1: Stres Kerja dan Konflik Pasangan

- Rina sering stres karena pekerjaan, marah kecil terhadap pasangan;
- Solusi: Latihan mindfulness, refleksi harian, dan komunikasi bahasa "aku";
- Hasil: Rina lebih sadar reaksi emosinya, konflik berkurang, hubungan tetap harmonis.

Kasus 2: Kurangnya Makna dalam Hidup

- Andi merasa hidup monoton dan tidak bahagia, meski hubungan baik;

- **Solusi:** Menetapkan tujuan pribadi, melakukan hobi yang membuat flow, latihan syukur;
- **Hasil:** Kepuasan hidup meningkat, hubungan interpersonal lebih hangat karena Andi lebih positif.

Refleksi untuk Pembaca

Beberapa pertanyaan reflektif:

1. Apa hal yang membuatku bahagia hari ini?
2. Apakah aku sadar bagaimana emosiku memengaruhi hubungan?
3. Latihan kebahagiaan mana yang bisa aku praktikkan minggu ini?
4. Bagaimana aku bisa meningkatkan kesadaran diri dalam interaksi sehari-hari?
5. Apa tujuan pribadi yang bisa memberi makna hidup dan mendukung hubungan interpersonal?

Penutup

Kebahagiaan sejati berasal dari kesejahteraan internal dan kesadaran diri. Orang yang bahagia dan sadar diri mampu:

- Mengelola emosi dengan bijak;
- Membangun hubungan interpersonal yang sehat;
- Menjadi agen positif dalam lingkungan sosial.

Dengan latihan rutin, syukur, mindfulness, refleksi, flow, dan ekspresi emosi, kebahagiaan dan kesadaran diri dapat meningkat, sehingga hubungan interpersonal menjadi lebih harmonis dan tahan lama.

Bab berikutnya, **Bab 17**, akan membahas **kebiasaan berpikir positif dan pengelolaan stres** dalam psikologi kebahagiaan.

Bab 17

Kebiasaan Berpikir Positif dan Pengelolaan Stres: Strategi Psikologis untuk Kehidupan Bahagia

Pendahuluan: Pikiran Kita Mempengaruhi Kehidupan

Psikologi kognitif menekankan bahwa **cara kita berpikir membentuk perasaan, perilaku, dan kualitas hubungan**. Pola pikir negatif yang terus-menerus dapat meningkatkan stres, konflik, dan menurunkan kepuasan hidup. Sebaliknya, kebiasaan berpikir positif meningkatkan kesejahteraan, memperkuat ikatan sosial, dan membuat kita lebih resilien menghadapi tantangan.

Bab ini membahas:

- Prinsip psikologi berpikir positif;
- Dampak pikiran negatif terhadap emosi dan hubungan;
- Strategi pengelolaan stres berbasis psikologi;
- Latihan praktis untuk membentuk kebiasaan berpikir positif.

Psikologi Berpikir Positif

Berpikir positif bukan sekadar bersikap optimis atau menutup mata terhadap masalah. Dalam psikologi positif, berpikir positif berarti **mampu menilai situasi dengan cara yang realistis namun konstruktif**.

Komponen Berpikir Positif

1. **Optimisme Realistis**

    - Percaya bahwa masalah bisa diatasi, tapi tetap menyadari tantangan yang ada.
2. **Fokus pada Solusi**
    - Alihkan energi dari mengeluh menjadi mencari tindakan konkret.
3. **Self-Compassion**
    - Bersikap lembut terhadap diri sendiri saat melakukan kesalahan, bukan menghakimi.

Dampak Berpikir Positif

- Mengurangi kecemasan dan depresi;
- Meningkatkan motivasi dan produktivitas;
- Memperkuat kemampuan menghadapi konflik interpersonal;
- Meningkatkan kualitas hubungan karena lebih sabar dan empatik.

Contoh Kasus:

- Ani cenderung menyalahkan diri sendiri setiap kali berdebat dengan pasangannya. Setelah berlatih berpikir positif dan self-compassion, Ani mulai menilai konflik sebagai kesempatan belajar, bukan kegagalan pribadi. Hubungannya lebih harmonis, dan stres berkurang.

Pikiran Negatif dan Dampaknya

Pikiran negatif yang tidak dikendalikan dapat membentuk pola maladaptif:

Distorsi Kognitif

- Kesalahan logika dalam berpikir yang memengaruhi emosi, contohnya:
    1. **Overgeneralization**: "Aku selalu gagal dalam

hubungan."

2. **Catastrophizing**: "Jika kita bertengkar, hubungan ini pasti hancur."
3. **Black-and-White Thinking**: "Jika dia marah, berarti dia tidak mencintaiku."

Dampak Emosional

- Rasa cemas, marah, atau frustrasi berlebihan;
- Merusak kepercayaan diri dan kesejahteraan emosional.

Dampak Hubungan

- Mudah tersinggung, mengkritik pasangan berlebihan, atau menghindar dari komunikasi;
- Konflik kecil bisa membesar karena pola pikir negatif.

Mengelola Stres dengan Strategi Psikologi

Stres adalah respons alami terhadap tekanan, namun jika tidak dikelola dapat merusak kebahagiaan dan hubungan interpersonal. Strategi psikologi efektif meliputi:

Mengidentifikasi Pemicu Stres

- Catat situasi yang memicu stres dan emosi yang muncul;
- Pisahkan stres yang dapat dikontrol dan yang tidak.

Teknik Kognitif

- **Reframing**: Mengubah perspektif negatif menjadi pandangan yang lebih konstruktif;
- **Contoh:** Daripada berkata, "Aku gagal," katakan, "Ini kesempatan belajar dan memperbaiki diri."

Teknik Relaksasi

- Pernapasan dalam, meditasi, yoga, atau stretching;
- Menurunkan hormon stres (kortisol) dan meningkatkan kesejahteraan emosional.

Aktivitas Fisik

- Olahraga teratur meningkatkan mood melalui hormon endorfin;
- Memberikan waktu refleksi pribadi dan pemulihan energi.

Strategi Sosial

- Bercerita kepada teman atau pasangan yang suportif;
- Meminta bantuan atau dukungan saat beban emosional terasa berat.

Menghubungkan Berpikir Positif dengan Hubungan Interpersonal

Berpikir positif memiliki efek langsung terhadap hubungan:

1. **Mengurangi Konflik Sehari-hari**
    - Orang yang fokus pada solusi dan melihat sisi baik pasangan lebih jarang memicu pertengkaran.
2. **Meningkatkan Empati**
    - Pola pikir positif membantu memahami perspektif pasangan tanpa menilai berlebihan.
3. **Mendorong Dukungan dan Kerja Sama**
    - Orang yang optimis lebih mudah memberikan dukungan emosional dan kerja sama dalam menghadapi masalah.

Contoh Kasus:

- Budi terbiasa menilai pasangan selalu salah saat terjadi kesalahpahaman. Setelah belajar berpikir positif, Budi mulai mencari sudut pandang lain dan fokus solusi, sehingga konflik menjadi lebih cepat terselesaikan.

Latihan Praktis Berpikir Positif

Jurnal Positif

- Setiap hari tuliskan:
    1. Satu hal yang berjalan baik;
    2. Satu pencapaian pribadi;
    3. Satu hal baik yang terjadi dalam hubungan interpersonal.

Latihan Self-Compassion

- Saat melakukan kesalahan, ucapkan: "Wajar aku membuat kesalahan, aku tetap belajar dan berkembang."

Reframing Harian

- Identifikasi pikiran negatif dan tulis versi positif atau realistisnya;
- **Contoh:**
    - Pikiran negatif: "Pasanganku tidak peduli padaku."
    - Reframing: "Mungkin dia sibuk hari ini, tapi dia biasanya peduli dan mendukungku."

Teknik Affirmation Positif

- Ulangi kalimat afirmasi setiap pagi: "Aku mampu menghadapi hari ini dengan tenang dan positif."

Mindful Observation

- Perhatikan hal-hal kecil yang positif di sekitar, seperti senyuman orang lain atau momen hangat dalam hubungan.

Mengelola Stres Hubungan

Selain stres pribadi, hubungan interpersonal juga bisa menjadi sumber stres. Strategi:

Komunikasi Terbuka

- Ungkapkan perasaan dan kebutuhan dengan bahasa "aku";
- Jangan menyimpan frustrasi yang bisa membesar.

Mengatur Ekspektasi Realistis

- Tidak semua hari akan sempurna; pasangan juga manusia dengan keterbatasan.

Membuat Waktu Bersama

- Aktivitas positif bersama pasangan dapat mengurangi stres dan meningkatkan koneksi.

Teknik Break

- Saat konflik memuncak, lakukan jeda emosional;

- Gunakan napas dalam, meditasi singkat, atau jalan kaki sebelum melanjutkan diskusi.

Contoh Kasus Nyata

Kasus 1: Stres Kerja Membawa Dampak Hubungan

- Rina sering membawa stres kerja pulang, menjadi mudah marah pada pasangannya;
- **Solusi:** Reframing stres, latihan mindfulness 10 menit, dan komunikasi terbuka;
- **Hasil:** Rina lebih tenang, konflik berkurang, hubungan lebih harmonis.

Kasus 2: Pola Pikir Negatif dalam Persahabatan

- Dani selalu merasa temannya tidak menghargai usahanya;
- **Solusi:** Reframing, jurnal positif, dan latihan self-compassion;
- **Hasil:** Dani lebih realistis menilai situasi, hubungan persahabatan menjadi lebih sehat.

Latihan Integratif Mingguan

1. **Jurnal Positif Harian** – 5 menit setiap malam;
2. **Mindfulness dan Napas Dalam** – 10 menit tiap pagi;
3. **Self-Compassion Check** – Saat menghadapi kesalahan, tulis respon lembut terhadap diri sendiri;
4. **Reframing Pikiran Negatif** – Identifikasi 1–3 pikiran negatif tiap hari dan ubah menjadi konstruktif;
5. **Aktivitas Sosial Positif** – Temui atau hubungi satu orang untuk berbagi hal baik dan mendukung.

Refleksi untuk Pembaca

Beberapa pertanyaan reflektif:

1. Pikiran negatif apa yang sering muncul dalam kehidupan sehari-hari?
2. Bagaimana pengaruhnya terhadap emosi dan hubungan interpersonal?
3. Latihan berpikir positif mana yang bisa diterapkan mulai minggu ini?
4. Bagaimana cara aku mengelola stres pribadi dan stres hubungan dengan lebih sehat?
5. Apa perubahan kecil dalam pola pikir yang bisa meningkatkan kebahagiaan dan kualitas hubungan?

Penutup

Pikiran positif bukan sekadar optimisme kosong, tetapi **alat psikologis untuk meningkatkan kesejahteraan dan kualitas hubungan**. Dengan membentuk kebiasaan berpikir positif, mengelola stres, dan menerapkan strategi psikologi kognitif, kita dapat:

- Mengurangi konflik interpersonal;
- Meningkatkan empati dan kerja sama;
- Menumbuhkan kebahagiaan pribadi yang berkelanjutan.

Bab berikutnya, **Bab 18**, akan membahas **psikologi motivasi dan pencapaian tujuan**, termasuk bagaimana menetapkan tujuan yang bermakna mendukung kebahagiaan dan hubungan interpersonal.

Bab 18

Psikologi Motivasi dan Pencapaian Tujuan: Membangun Hidup yang Bermakna

Pendahuluan: Mengapa Tujuan Itu Penting

Tujuan memberikan arah, makna, dan fokus dalam hidup. Psikologi motivasi menunjukkan bahwa **orang yang memiliki tujuan yang jelas cenderung lebih bahagia, resilien, dan produktif**. Selain itu, pencapaian tujuan yang bermakna meningkatkan kepercayaan diri, rasa kompetensi, dan kemampuan untuk berkontribusi positif dalam hubungan interpersonal.

Bab ini membahas:

- Dasar psikologi motivasi;
- Tipe motivasi dan dampaknya terhadap perilaku;
- Strategi menetapkan tujuan yang efektif;
- Latihan praktis untuk meningkatkan motivasi dan pencapaian tujuan.

Dasar Psikologi Motivasi

Motivasi adalah dorongan internal yang memengaruhi perilaku, pikiran, dan emosi seseorang untuk mencapai tujuan. Psikologi membedakan motivasi menjadi beberapa jenis:

Motivasi Intrinsik

- Dorongan berasal dari **dalam diri**, karena kegiatan itu sendiri menyenangkan atau bermakna;

- **Contoh:** belajar musik karena menikmati prosesnya, bukan demi hadiah atau pujian;
- **Dampak:** menghasilkan kepuasan jangka panjang dan keterlibatan yang tinggi.

Motivasi Ekstrinsik

- Dorongan berasal dari **faktor eksternal**, seperti penghargaan, pengakuan, atau tekanan sosial;
- **Contoh:** bekerja keras untuk bonus atau promosi;
- **Dampak:** efektif jangka pendek, tapi kurang memuaskan secara emosional jika tujuan tidak selaras dengan nilai pribadi.

Motivasi Berdasarkan Teori Psikologi

1. **Teori Hierarki Kebutuhan Maslow**
    - Kebutuhan dasar (fisiologis, keamanan) → kebutuhan sosial → harga diri → aktualisasi diri;
    - Motivasi berkembang saat kebutuhan lebih dasar terpenuhi.
2. **Teori Self-Determination**
    - Tiga kebutuhan dasar manusia: otonomi, kompetensi, dan keterhubungan;
    - Memenuhi ketiga kebutuhan ini meningkatkan motivasi intrinsik dan kebahagiaan.

Menghubungkan Motivasi dengan Kebahagiaan dan Hubungan

Orang yang termotivasi dengan tujuan yang bermakna cenderung:

- Memiliki rasa pencapaian dan harga diri tinggi;
- Lebih resilien menghadapi stres dan konflik;

- Lebih mampu memberikan dukungan dalam hubungan interpersonal.

Contoh Kasus:

- Maya belajar menulis buku karena ingin berbagi pengalaman hidup (motivasi intrinsik);
- **Dampak:** kebahagiaan meningkat, rasa kompetensi meningkat, dan teman-temannya terinspirasi sehingga hubungan sosial lebih positif.

Strategi Menetapkan Tujuan yang Efektif

SMART Goals

Tujuan yang efektif harus Spesifik, Measurable (terukur), Achievable (tercapai), Relevant (relevan), dan Time-bound (berbatas waktu).

- **Contoh:** "Aku ingin menulis satu bab buku tiap minggu selama tiga bulan ke depan."

Menyesuaikan dengan Nilai Pribadi

- Tujuan harus selaras dengan nilai dan minat pribadi agar tetap termotivasi;
- **Contoh:** jika nilai utama adalah kreativitas, pilih tujuan yang menantang kreativitas, bukan hanya mengejar uang.

Menetapkan Tujuan Jangka Pendek dan Panjang

- **Jangka panjang:** memberikan arah besar, seperti mencapai keseimbangan hidup atau mengembangkan karier;
- **Jangka pendek:** milestone atau langkah kecil yang membangun motivasi secara bertahap.

Fokus pada Proses, Bukan Hanya Hasil

- Nikmati proses belajar atau berusaha, bukan hanya menunggu pencapaian akhir;
- Psikologi motivasi menunjukkan bahwa fokus pada proses meningkatkan keterlibatan dan kepuasan emosional.

Mengatasi Hambatan Motivasi

Hambatan Internal

- Rasa takut gagal, perfeksionisme, atau kurang percaya diri;
- Strategi: self-compassion, reframing, dan fokus pada langkah kecil.

Hambatan Eksternal

- Tekanan sosial, lingkungan yang tidak mendukung, atau keterbatasan sumber daya;
- **Strategi:** adaptasi strategi, mencari dukungan sosial, atau memecah tujuan menjadi bagian yang lebih realistis.

Menghadapi Prokrastinasi

- **Teknik:** memecah tugas menjadi bagian kecil, menggunakan timer fokus, atau menetapkan reward untuk setiap pencapaian kecil.

Motivasi dan Pengelolaan Emosi

Motivasi yang sehat berhubungan erat dengan pengelolaan emosi:

1. **Emosi Positif sebagai Bahan Bakar Motivasi**

    - Rasa senang, puas, atau rasa bangga meningkatkan energi untuk bertindak.
2. **Mengelola Frustrasi dan Kemarahan**
    - Fokus pada solusi dan langkah berikutnya daripada terjebak emosi negatif.
3. **Kebiasaan Refleksi**
    - Meninjau apa yang sudah dicapai dan belajar dari kesalahan meningkatkan motivasi berkelanjutan.

Contoh Kasus:

- Dika merasa putus asa karena target pekerjaan tidak tercapai. Setelah menulis jurnal refleksi dan meninjau langkah kecil yang berhasil, motivasinya kembali dan ia lebih fokus.

Latihan Praktis untuk Meningkatkan Motivasi

Menulis Tujuan dan Nilai Pribadi

- Buat daftar 3–5 tujuan yang sesuai nilai dan minat pribadi;
- Catat langkah-langkah konkrit untuk mencapainya.

Visualisasi

- Bayangkan proses mencapai tujuan dan rasa bahagia yang muncul;
- Visualisasi meningkatkan keyakinan dan energi untuk bertindak.

Mindset Pertumbuhan

- Lihat kegagalan sebagai peluang belajar, bukan hambatan permanen;

- Psikologi menunjukkan mindset pertumbuhan meningkatkan motivasi jangka panjang.

Accountability Partner

- Bagikan tujuan dengan teman atau pasangan untuk saling memantau progres;
- Dukungan sosial meningkatkan komitmen dan motivasi.

Reward untuk Milestone

- Rayakan pencapaian kecil untuk menjaga motivasi tetap tinggi.

Motivasi dalam Hubungan Interpersonal

Mendukung Tujuan Pasangan

- Menjadi support system meningkatkan kedekatan dan empati;
- **Contoh:** membantu pasangan menyiapkan materi presentasi atau memberi semangat dalam usaha pribadi.

Tujuan Bersama

- Menetapkan tujuan bersama, seperti olahraga rutin atau proyek kreatif bersama, memperkuat koneksi dan kerja sama.

Motivasi sebagai Sumber Inspirasi

- Orang yang termotivasi dan berenergi positif menularkan motivasi pada orang lain;
- Lingkungan sosial menjadi lebih suportif dan harmonis.

Contoh Kasus Nyata

Kasus 1: Tujuan Karier dan Hubungan

- Sari ingin meningkatkan kemampuan public speaking untuk karier;
- **Solusi:** menetapkan SMART goals, visualisasi, dan latihan mingguan;
- **Dampak:** meningkat rasa percaya diri, kebahagiaan, dan dukungan pasangan yang bangga melihat progresnya.

Kasus 2: Tujuan Kesehatan Bersama Pasangan

- Rina dan Budi ingin hidup lebih sehat;
- **Solusi:** tujuan bersama, olahraga rutin, evaluasi mingguan, dan reward;
- **Dampak:** motivasi meningkat, hubungan lebih harmonis, dan kedekatan emosional bertambah.

Refleksi untuk Pembaca

Beberapa pertanyaan reflektif:

1. Tujuan pribadi apa yang paling berarti bagiku?
2. Apakah tujuan ini selaras dengan nilai dan minatku?
3. Langkah kecil apa yang bisa aku lakukan minggu ini untuk mendekati tujuan?
4. Hambatan apa yang mungkin muncul, dan strategi apa yang bisa aku terapkan?
5. Bagaimana tujuan ini bisa memperkuat kebahagiaan dan hubungan interpersonalku?

Penutup

Motivasi dan pencapaian tujuan bukan sekadar soal prestasi. Ini tentang **membangun hidup yang bermakna, meningkatkan kebahagiaan, dan memperkuat hubungan interpersonal**. Dengan menetapkan tujuan yang jelas, fokus pada proses, dan membangun kebiasaan motivasi yang sehat, kita dapat:

- Menjadi lebih resilien menghadapi tantangan;
- Meningkatkan rasa percaya diri dan kepuasan hidup;
- Membangun hubungan interpersonal yang lebih harmonis dan suportif.

Bab berikutnya, **Bab 19**, akan membahas **strategi pengelolaan waktu, produktivitas, dan keseimbangan hidup**, untuk mendukung pencapaian tujuan dan kebahagiaan pribadi.

Bab 19

Pengelolaan Waktu, Produktivitas, dan Keseimbangan Hidup: Strategi Psikologi untuk Kehidupan Optimal

Pendahuluan: Mengapa Waktu Itu Berharga

Waktu adalah sumber daya paling terbatas dalam hidup. Psikologi kognitif dan positif menunjukkan bahwa **manajemen waktu yang efektif dan keseimbangan hidup yang sehat** berkontribusi pada kebahagiaan, motivasi, dan kualitas hubungan interpersonal. Orang yang bisa mengelola waktu dengan bijak cenderung lebih fokus, produktif, dan puas dengan hidupnya.

Bab ini membahas:

- Prinsip pengelolaan waktu menurut psikologi;
- Hubungan antara produktivitas, stres, dan kebahagiaan;
- Strategi mencapai keseimbangan hidup;
- Latihan praktis untuk meningkatkan efisiensi dan kepuasan hidup.

Psikologi Waktu dan Persepsi Produktivitas

Persepsi Waktu

- Manusia tidak hanya mengukur waktu secara objektif, tetapi juga secara subjektif;
- Psikologi waktu menekankan bahwa **perasaan waktu yang terkendali meningkatkan kesejahteraan**;
- **Contoh:** dua orang memiliki hari yang sama panjang, namun orang yang merasa memiliki kontrol atas waktunya akan

merasa lebih puas.

Efek Prokrastinasi

- Menunda pekerjaan meningkatkan stres dan menurunkan produktivitas;
- **Alasan psikologis:** ketakutan gagal, perfeksionisme, atau kurang motivasi intrinsik;
- **Dampak:** konflik interpersonal karena stres menumpuk, kualitas pekerjaan menurun.

Hubungan Antara Produktivitas dan Kebahagiaan

Produktivitas Positif

- Produktivitas bukan hanya menyelesaikan tugas, tetapi **menghasilkan hasil yang bermakna dan sejalan dengan tujuan pribadi**;
- Orang yang produktif merasa puas karena melihat progres nyata dalam hidupnya.

Dampak Psikologis Produktivitas

1. **Mengurangi Stres** – Tugas yang diselesaikan lebih terkontrol, tidak menumpuk;
2. **Meningkatkan Rasa Kompetensi** – Pencapaian menumbuhkan rasa percaya diri;
3. **Meningkatkan Kepuasan Hubungan** – Orang yang produktif dan terorganisir lebih mampu membagi waktu untuk keluarga dan teman.

Strategi Pengelolaan Waktu Berdasarkan Psikologi

Prioritas dan Fokus

- Gunakan **Prinsip Eisenhower**: pisahkan tugas menjadi empat kategori:
    1. Penting dan Mendesak → lakukan segera;
    2. Penting tapi Tidak Mendesak → jadwalkan;
    3. Tidak Penting tapi Mendesak → delegasikan;
    4. Tidak Penting dan Tidak Mendesak → hapus atau abaikan.
- Fokus pada hal yang benar-benar bernilai untuk tujuan jangka panjang.

Time Blocking

- Alokasikan blok waktu untuk tugas spesifik tanpa gangguan;
- **Contoh:** 9–11 pagi fokus menulis, 11–11:30 istirahat, 11:30–1 siang rapat atau evaluasi tugas;
- Psikologi kognitif menunjukkan metode ini meningkatkan konsentrasi dan efisiensi.

Teknik Pomodoro

- Bekerja 25 menit fokus, 5 menit istirahat, ulangi 4–5 siklus;
- Manfaat: mengurangi kelelahan mental, meningkatkan fokus, dan menjaga energi.

Eliminasi Gangguan

- Matikan notifikasi ponsel saat bekerja;
- Buat lingkungan kerja yang mendukung konsentrasi;

- Psikologi perhatian menekankan bahwa gangguan berulang menurunkan produktivitas hingga 40%.

Mengelola Stres Melalui Pengelolaan Waktu

Stres Karena Tumpukan Tugas

- Psikologi menunjukkan stres meningkat ketika kita merasa **tidak punya kontrol atas waktu**;
- **Strategi:** buat daftar tugas, prioritaskan, dan lakukan secara bertahap.

Teknik Mindful Time Management

- Sadari kapan energi terbaik muncul (misal pagi atau sore);
- Sesuaikan tugas yang menantang dengan waktu produktif;
- Istirahat secara sadar untuk mengisi ulang energi mental.

Self-Compassion

- Jangan terlalu keras pada diri sendiri jika tidak semua tugas selesai tepat waktu;
- Fokus pada kemajuan yang dicapai, bukan kesalahan.

Keseimbangan Hidup: Antara Produktivitas dan Kesejahteraan

Definisi Keseimbangan Hidup

- Menjaga **hubungan harmonis antara pekerjaan, hubungan interpersonal, kesehatan, dan hobi;**
- Psikologi positif menunjukkan keseimbangan hidup meningkatkan kebahagiaan dan mengurangi burnout.

Elemen Keseimbangan Hidup

1. **Pekerjaan atau Karier**, Memiliki tujuan dan merasa berkontribusi;
2. **Hubungan Sosial**, Koneksi emosional dengan keluarga, pasangan, dan teman;
3. **Kesehatan Fisik dan Mental**, Olahraga, tidur cukup, meditasi;
4. **Pengembangan Diri**, Hobi, belajar, atau pencapaian tujuan pribadi;
5. **Waktu Luang dan Rekreasi**, Istirahat, hiburan, dan menikmati momen.

Strategi Psikologis Mencapai Keseimbangan

- **Jadwal Seimbang:** Alokasikan waktu untuk setiap elemen sesuai prioritas dan energi;
- **Evaluasi Mingguan:** Tinjau pencapaian dan area yang kurang seimbang;
- **Fleksibilitas:** Jangan terjebak jadwal kaku; adaptasi sesuai situasi.

Produktivitas dan Hubungan Interpersonal

Membagi Waktu dengan Bijak

- Orang yang produktif cenderung lebih mampu menyediakan waktu berkualitas untuk pasangan, keluarga, dan teman;
- **Contoh:** mengatur waktu kerja sehingga tetap ada waktu malam untuk quality time dengan pasangan.

Dukungan Sosial sebagai Sumber Motivasi

- Memiliki teman atau pasangan yang mendukung meningkatkan disiplin dan motivasi;
- **Contoh:** pasangan menanyakan progres tujuan atau ikut berpartisipasi dalam aktivitas produktif.

Menghindari Konflik Karena Manajemen Waktu Buruk

- Kurangnya pengelolaan waktu dapat menyebabkan stres dan konflik interpersonal;
- Solusi: komunikasi terbuka, jadwal bersama, dan pembagian tanggung jawab.

Latihan Praktis Meningkatkan Produktivitas dan Keseimbangan

1. **Daily Planning** – Tulis tiga prioritas utama setiap hari;
2. **Time Audit** – Catat kegiatan selama 3 hari untuk mengetahui pola penggunaan waktu;
3. **Pomodoro + Breaks** – Bekerja fokus 25 menit, istirahat 5 menit, ulangi;
4. **Weekly Review** – Evaluasi pencapaian mingguan dan sesuaikan rencana minggu berikutnya;
5. **Quality Time Scheduling** – Tetapkan waktu rutin untuk keluarga, pasangan, dan hobi;
6. **Mindful Breaks** – Gunakan jeda untuk meditasi, stretching, atau pernapasan sadar.

Contoh Kasus Nyata

Kasus 1: Profesional yang Kehilangan Keseimbangan Hidup

- Dika bekerja lembur terus-menerus, kesehatan menurun, hubungan dengan pasangan tegang;
- **Solusi:** membuat jadwal kerja realistis, memprioritaskan waktu keluarga, menerapkan Pomodoro;
- **Hasil:** produktivitas tetap tinggi, stres berkurang, hubungan interpersonal membaik.

Kasus 2: Mahasiswa dengan Banyak Aktivitas

- Rina kesulitan mengatur waktu antara kuliah, organisasi, dan hobi;
- **Solusi:** daily planning, time audit, dan weekly review;
- **Hasil:** lebih fokus, tugas selesai tepat waktu, tetap memiliki waktu untuk bersosialisasi dan bersantai.

Refleksi untuk Pembaca

Beberapa pertanyaan reflektif:

1. Bagaimana aku saat ini menggunakan waktuku? Apakah ada yang terbuang sia-sia?
2. Elemen keseimbangan hidup mana yang paling kurang diperhatikan?
3. Teknik pengelolaan waktu apa yang bisa aku terapkan mulai minggu ini?
4. Bagaimana aku bisa tetap produktif tanpa mengorbankan hubungan interpersonal?
5. Apa satu langkah kecil yang bisa meningkatkan keseimbangan hidupku hari ini?

Penutup

Pengelolaan waktu yang efektif dan keseimbangan hidup yang sehat bukan hanya soal efisiensi, tetapi **kunci untuk hidup yang lebih bahagia, produktif, dan harmonis**. Dengan:

- Menetapkan prioritas;
- Mengelola stres;
- Fokus pada proses dan tujuan yang bermakna;
- Membagi waktu dengan bijak antara pekerjaan, hubungan, dan diri sendiri.

...kita dapat meningkatkan kualitas hidup, memperkuat hubungan interpersonal, dan mencapai kepuasan pribadi yang lebih tinggi.

Bab berikutnya, **Bab 20**, akan membahas **strategi meningkatkan kesadaran diri dan refleksi diri** untuk memperkuat kebahagiaan, hubungan, dan keseimbangan hidup.

Bab 20

Kesadaran Diri dan Refleksi Diri: Kunci Psikologis untuk Kehidupan Bermakna

Pendahuluan: Mengapa Kesadaran Diri Penting

Kesadaran diri adalah kemampuan untuk **mengenali pikiran, emosi, perilaku, dan nilai-nilai diri secara jujur dan objektif**. Dalam psikologi, kesadaran diri dianggap sebagai fondasi kebahagiaan, pengambilan keputusan yang sehat, dan hubungan interpersonal yang berkualitas.

Refleksi diri adalah praktik **membaca diri sendiri, mengevaluasi pengalaman, dan belajar dari situasi untuk pertumbuhan pribadi**. Orang yang terlatih dalam kesadaran dan refleksi diri cenderung lebih resilien, empatik, dan mampu membentuk tujuan hidup yang bermakna.

Bab ini membahas:

- Dasar psikologi kesadaran diri;
- Hubungan kesadaran diri dengan emosi, motivasi, dan hubungan interpersonal;
- Strategi meningkatkan kesadaran dan refleksi diri;
- Latihan praktis untuk hidup lebih sadar, bahagia, dan seimbang.

Psikologi Kesadaran Diri

Definisi Kesadaran Diri

- Kesadaran diri adalah **kemampuan mengenali pikiran,**

emosi, motivasi, dan perilaku secara sadar, termasuk dampaknya terhadap diri sendiri dan orang lain;

- Dalam psikologi positif, kesadaran diri dikaitkan dengan **well-being**, kepuasan hidup, dan hubungan interpersonal yang sehat.

Komponen Kesadaran Diri

1. **Kesadaran Emosional**, mengenali dan menamai emosi yang muncul;
2. **Kesadaran Kognitif**, menyadari pola pikir, bias, dan keyakinan;
3. **Kesadaran Sosial**, memahami bagaimana perilaku memengaruhi orang lain;
4. **Kesadaran Nilai dan Tujuan**, mengetahui apa yang benar-benar penting bagi diri sendiri.

Dampak Kesadaran Diri

- Mengurangi reaktivitas emosional;
- Memperkuat kontrol diri dan pengambilan keputusan;
- Meningkatkan kualitas hubungan interpersonal;
- Memperjelas tujuan hidup dan motivasi intrinsik.

Hubungan Kesadaran Diri dengan Emosi dan Perilaku

Regulasi Emosi

- Orang dengan kesadaran diri tinggi mampu **mengidentifikasi emosi lebih cepat dan mengelolanya dengan sehat;**
- **Contoh:** menyadari kemarahan sebelum bereaksi secara impulsif, lalu memilih komunikasi yang lebih konstruktif.

Mengurangi Pola Negatif

- Kesadaran diri membantu mengenali **distorsi kognitif**, seperti overgeneralization atau berpikir hitam-putih;
- Dengan menyadari pola ini, kita bisa **mengubah pikiran negatif menjadi lebih konstruktif.**

Koneksi dengan Motivasi

- Kesadaran diri memungkinkan seseorang mengenali **apa yang benar-benar memotivasi dirinya**, bukan hanya mengikuti tekanan eksternal;
- Contoh: seseorang yang sadar akan nilai kreativitas lebih memilih pekerjaan yang menantang kreativitas daripada hanya mencari gaji tinggi.

Kesadaran Diri dalam Hubungan Interpersonal

Empati dan Perspektif Orang Lain

- Kesadaran diri meningkatkan **kemampuan menempatkan diri pada posisi orang lain;**
- Orang yang sadar akan emosinya sendiri lebih mudah memahami emosi pasangan, teman, atau kolega.

Mengurangi Konflik

- Dengan kesadaran diri, kita lebih jarang **bereaksi impulsif atau defensif dalam konflik;**
- **Contoh:** menyadari perasaan tersinggung sebelum menuduh pasangan, lalu memilih kata-kata yang lebih tepat.

Komunikasi yang Jelas

- Kesadaran diri membantu mengungkapkan pikiran dan perasaan secara jujur namun empatik;
- Meningkatkan kualitas hubungan interpersonal dan membangun kepercayaan.

Refleksi Diri sebagai Alat Pertumbuhan

Definisi Refleksi Diri

- Refleksi diri adalah praktik **mengamati diri, mengevaluasi pengalaman, dan belajar dari situasi untuk pengembangan pribadi;**
- Lebih dari sekadar menilai kesalahan; ini tentang **mengenali pola, kekuatan, dan area yang perlu diperbaiki.**

Manfaat Refleksi Diri

1. Memperjelas tujuan hidup dan nilai pribadi;
2. Mengurangi stres karena memahami penyebab emosi negatif;
3. Meningkatkan kemampuan problem-solving dan pengambilan keputusan;
4. Memperkuat hubungan interpersonal karena lebih sadar diri.

Tahapan Refleksi Diri

1. **Mengamati**, catat perasaan, pikiran, dan perilaku;
2. **Mengevaluasi**, tanyakan apakah reaksi atau keputusan sesuai dengan nilai dan tujuan;
3. **Belajar**, identifikasi pola, kesalahan, dan strategi perbaikan;
4. **Terapkan**, lakukan perubahan kecil untuk pertumbuhan.

Strategi Psikologis Meningkatkan Kesadaran Diri

Mindfulness

- Fokus pada momen sekarang tanpa menghakimi;
- **Latihan:** pernapasan sadar, body scan, atau mindful walking;
- **Dampak:** mengurangi stres, meningkatkan kontrol diri, dan memperkuat kesadaran emosi.

Jurnal Refleksi

- Tulis pikiran, perasaan, dan pengalaman setiap hari
- **Analisis:** apa yang membuat bahagia, stres, atau frustrasi?
- Psikologi menunjukkan jurnal meningkatkan kesadaran pola perilaku dan emosional

Feedback dari Orang Lain

- Minta teman, pasangan, atau mentor memberi masukan jujur tentang perilaku atau komunikasi kita;
- Kombinasikan feedback dengan refleksi diri untuk pertumbuhan.

Evaluasi Nilai dan Tujuan

- Tuliskan nilai inti dan tujuan hidup;
- Pertanyakan: apakah tindakan dan keputusan sehari-hari selaras dengan nilai tersebut?

Teknik Reframing

- Kesadaran diri memungkinkan kita melihat situasi dari perspektif berbeda;
- Mengubah sudut pandang meningkatkan fleksibilitas mental dan emosi.

Latihan Praktis Kesadaran dan Refleksi Diri

1. **Mindful Pause**
    - Setiap hari 5 menit, perhatikan napas dan perasaan saat ini.
2. **Jurnal Emosi**
    - Catat tiga emosi yang paling dominan hari ini dan pemicu masing-masing.
3. **Evaluasi Mingguan**
    - Tinjau pengalaman minggu ini: apa yang berhasil, apa yang bisa diperbaiki, dan pelajaran yang didapat.
4. **Feedback Partner**
    - Diskusikan dengan teman atau pasangan mengenai persepsi mereka terhadap perilaku kita.
5. **Latihan Reframing**
    - Ambil satu situasi negatif, tulis tiga cara pandang alternatif yang lebih konstruktif.

Kesadaran Diri dan Kesejahteraan Hubungan

Mengurangi Konflik

- Kesadaran diri membuat kita **tidak bereaksi secara impulsif**, sehingga konflik dapat diselesaikan lebih cepat dan damai.

Meningkatkan Empati

- Menyadari emosi sendiri membantu **mengenali emosi orang lain**, sehingga komunikasi lebih efektif.

Membangun Koneksi yang Lebih Dalam

- Orang yang sadar diri mampu **menyampaikan perasaan dan kebutuhan secara jelas**, sehingga hubungan lebih harmonis dan saling mendukung.

Contoh Kasus Nyata

Kasus 1: Kesadaran Emosi dalam Konflik Pasangan

- Lani sering marah ketika pasangannya terlambat;
- Dengan mindfulness dan jurnal refleksi, Lani menyadari kemarahannya berasal dari rasa tidak dihargai;
- Ia belajar mengungkapkan perasaan secara jujur tanpa menyalahkan, sehingga konflik lebih cepat terselesaikan.

Kasus 2: Refleksi Diri untuk Pertumbuhan Karier

- Dika merasa stagnan di pekerjaan;
- Dengan jurnal refleksi dan evaluasi nilai, ia menemukan minat sebenarnya di bidang kreatif;
- Ia mulai mengambil kursus dan proyek kreatif sampingan, meningkatkan motivasi dan kepuasan hidup.

Refleksi untuk Pembaca

Beberapa pertanyaan reflektif:

1. Bagaimana aku menilai diri sendiri dalam menghadapi emosi dan konflik?

2. Pola perilaku negatif apa yang ingin aku ubah?
3. Nilai dan tujuan hidup apa yang paling penting bagiku?
4. Latihan refleksi diri mana yang bisa aku praktikkan mulai minggu ini?
5. Bagaimana kesadaran diri dapat memperkuat kebahagiaan dan hubungan interpersonalku?

Penutup

Kesadaran diri dan refleksi diri adalah **fondasi untuk hidup yang lebih bahagia, produktif, dan harmonis**. Dengan melatih kesadaran terhadap pikiran, emosi, perilaku, dan nilai diri, kita dapat:

- Mengelola stres dan emosi secara sehat;
- Membuat keputusan yang selaras dengan tujuan hidup;
- Meningkatkan kualitas hubungan interpersonal;
- Mengembangkan kebahagiaan yang berkelanjutan.

Bab berikutnya, **Bab 21**, akan memulai segmen terakhir buku, yaitu **Refleksi dan Strategi Keseimbangan Hidup**, untuk mengintegrasikan seluruh pembelajaran psikologi cinta dan hubungan ke dalam praktik kehidupan sehari-hari.

Bab 21

Integrasi Refleksi Diri dan Strategi Keseimbangan Hidup: Membangun Kehidupan yang Utuh

Pendahuluan: Mengapa Keseimbangan Hidup Penting

Keseimbangan hidup adalah **kemampuan mengelola berbagai aspek kehidupan—pribadi, sosial, pekerjaan, dan emosional—secara harmonis**. Psikologi positif dan penelitian psikologi sosial menunjukkan bahwa orang yang hidup seimbang memiliki:

- Kesehatan mental dan fisik lebih baik;
- Kepuasan hidup lebih tinggi;
- Hubungan interpersonal yang lebih harmonis;
- Kemampuan lebih besar menghadapi stres dan tantangan.

Bab ini akan membahas:

- Cara mengintegrasikan refleksi diri ke keseharian;
- Strategi keseimbangan hidup berbasis psikologi;
- Latihan praktis untuk membangun hidup yang utuh dan bermakna.

Refleksi Diri sebagai Dasar Keseimbangan Hidup

Mengapa Refleksi Diri Penting

- Tanpa refleksi diri, kita sering terjebak pada **rutinitas**

otomatis, membuat keputusan impulsif, atau gagal menyadari ketidakseimbangan dalam hidup;

- Refleksi diri membantu kita mengenali:
    - Nilai dan prioritas;
    - Pola perilaku yang merugikan;
    - Area kehidupan yang kurang diperhatikan.

Refleksi Diri Terstruktur

1. **Mingguan**: tinjau pengalaman, pencapaian, dan tantangan minggu ini;
2. **Bulanan**: evaluasi progres jangka panjang dan keseimbangan antara pekerjaan, hubungan, dan hobi;
3. **Tahunan**: evaluasi tujuan hidup, nilai, dan visi pribadi.

Psikologi di Balik Refleksi Diri

- Refleksi diri meningkatkan **kesadaran diri**, yang memengaruhi motivasi, pengambilan keputusan, dan hubungan interpersonal;
- Teori self-determination menekankan bahwa kesadaran akan nilai dan tujuan meningkatkan motivasi intrinsik dan kebahagiaan.

Pilar Keseimbangan Hidup

Keseimbangan hidup tidak berarti membagi waktu sama rata, tetapi **mengoptimalkan kualitas perhatian dan energi untuk berbagai aspek hidup**. Berikut pilar utamanya:

Kesehatan Fisik

- Tubuh adalah fondasi produktivitas dan kebahagiaan;

- **Strategi psikologis:** olahraga teratur, tidur cukup, nutrisi seimbang;
- **Hubungan interpersonal:** energi fisik memengaruhi kemampuan kita untuk hadir dalam hubungan.

Kesehatan Mental dan Emosi

- Kesadaran diri dan regulasi emosi meningkatkan resilien;
- **Latihan:** mindfulness, meditasi, jurnal refleksi, teknik relaksasi;
- **Dampak:** mengurangi stres, memperkuat kontrol diri, dan meningkatkan kepuasan hidup.

Karier dan Produktivitas

- Menetapkan tujuan SMART, time management, dan fokus pada hal yang bermakna;
- Psikologi menunjukkan bahwa produktivitas yang sejalan dengan nilai pribadi meningkatkan kepuasan hidup;
- Hindari overwork yang merusak keseimbangan hidup.

Hubungan Interpersonal

- Koneksi emosional dengan pasangan, keluarga, dan teman meningkatkan kesejahteraan;
- **Praktik:** komunikasi efektif, empati, dukungan timbal balik, dan quality time.

Pengembangan Diri dan Hobi

- Aktivitas kreatif atau belajar baru meningkatkan motivasi intrinsik;
- Psikologi menunjukkan bahwa hobi dan minat pribadi

memperkuat identitas dan kebahagiaan.

Rekreasi dan Waktu Luang

- Istirahat dan hiburan penting untuk mengisi ulang energi;
- Hindari "kebiasaan sibuk" yang hanya menguras energi tanpa memberikan makna.

Integrasi Refleksi Diri dengan Keseimbangan Hidup

Membuat Peta Keseimbangan

1. **Buat daftar pilar kehidupan:** fisik, mental, karier, hubungan, hobi, rekreasi;
2. Nilai setiap pilar dari 1–10, apakah terasa seimbang;
3. Identifikasi pilar yang membutuhkan perhatian lebih.

Penentuan Prioritas

- Berdasarkan refleksi diri, tetapkan **prioritas mingguan dan bulanan;**
- Fokus energi pada aspek yang paling membutuhkan perhatian atau memiliki dampak terbesar pada kebahagiaan.

Penyesuaian Tujuan

- Pastikan tujuan jangka pendek dan panjang selaras dengan nilai pribadi;
- **Evaluasi:** apakah pencapaian tujuan memperkuat keseimbangan atau justru merusaknya?

Pengelolaan Energi vs Waktu

- Psikologi menunjukkan bahwa energi lebih penting daripada durasi waktu;
- **Strategi:** lakukan aktivitas penting saat energi tinggi, istirahat saat energi menurun.

Strategi Praktis Membangun Keseimbangan Hidup

Teknik "Wheel of Life"

- Visualisasi roda kehidupan yang dibagi menjadi pilar-pilar;
- Nilai kepuasan pada setiap pilar, temukan ketidakseimbangan, lalu buat rencana perbaikan.

Daily Check-In

- Setiap hari, tanyakan: "Apakah hari ini aku melakukan sesuatu untuk keseimbangan hidupku?"
- Catat satu langkah kecil untuk pilar yang kurang diperhatikan.

Weekly Reflection

- Evaluasi minggu ini: apa yang berjalan baik, apa yang perlu diperbaiki?
- Integrasikan insight untuk rencana minggu berikutnya.

Mindful Transitions

- Saat berpindah dari satu aktivitas ke aktivitas lain, lakukan 1–2 menit mindful breathing;

- Membantu reset energi dan meningkatkan fokus.

Accountability Partner

- Bagikan rencana keseimbangan hidup dengan teman, pasangan, atau mentor;
- Dapat memberikan dukungan dan motivasi untuk konsistensi.

Hubungan Keseimbangan Hidup dengan Kebahagiaan dan Hubungan

Dampak Keseimbangan Hidup pada Emosi

- Orang yang seimbang lebih tenang, puas, dan resilien;
- Psikologi menunjukkan bahwa keseimbangan mengurangi kecemasan dan stres kronis.

Dampak Keseimbangan Hidup pada Hubungan

- Waktu berkualitas dan energi positif meningkatkan kualitas interaksi dengan pasangan, keluarga, dan teman;
- Konflik lebih mudah dihadapi karena kita lebih sadar emosi dan kebutuhan diri sendiri.

Motivasi dan Produktivitas

- Orang yang seimbang memiliki motivasi yang lebih stabil;
- Pencapaian tujuan terasa lebih bermakna dan tidak mengorbankan aspek penting lain dalam hidup.

Latihan Praktis untuk Integrasi Refleksi dan Keseimbangan

1. **Wheel of Life Exercise**
    - Gambar roda, bagi 8–10 pilar kehidupan;
    - Nilai kepuasan, buat rencana peningkatan pilar yang rendah.
2. **Daily Micro-Reflection**
    - Setiap malam, tulis satu hal positif dan satu hal yang bisa diperbaiki hari itu.
3. **Energy Mapping**
    - Catat jam biologis dan aktivitas, lihat kapan energi tinggi dan rendah;
    - Sesuaikan aktivitas penting dengan energi tinggi.
4. **Weekly Planning**
    - Alokasikan waktu untuk semua pilar: pekerjaan, hubungan, hobi, dan istirahat;
    - Tentukan langkah konkret untuk setiap pilar.
5. **Mindful Breaks**
    - Setiap 2–3 jam, lakukan 5 menit istirahat sadar;
    - Periksa emosi, pernapasan, dan energi.
6. **Accountability Partner**
    - Saling memantau progres keseimbangan hidup dan saling memberi dukungan.

Contoh Kasus Nyata

Kasus 1: Profesional yang Kehilangan Keseimbangan

- Lani fokus hanya pada karier, kesehatan dan hubungan menurun;
- **Strategi:** Wheel of Life, weekly reflection, penjadwalan ulang aktivitas;

- **Hasil:** produktivitas tetap tinggi, kesehatan membaik, hubungan interpersonal harmonis.

Kasus 2: Pasangan yang Terlalu Sibuk

- Rina dan Budi terlalu sibuk bekerja, jarang quality time;
- **Strategi:** daily micro-reflection, weekly planning, mindful transitions;
- **Hasil:** energi lebih stabil, konflik berkurang, hubungan lebih harmonis.

Refleksi untuk Pembaca

Beberapa pertanyaan reflektif:

1. Pilar kehidupan mana yang paling membutuhkan perhatian saat ini?
2. Bagaimana aku bisa menggunakan kesadaran diri untuk menyeimbangkan aspek hidupku?
3. Langkah kecil apa yang bisa aku lakukan minggu ini untuk keseimbangan hidup?
4. Bagaimana keseimbangan hidup dapat meningkatkan kualitas hubunganku dengan orang lain?
5. Apakah tujuan hidupku selaras dengan nilai dan keseimbangan yang kuinginkan?

Penutup

Integrasi refleksi diri dan strategi keseimbangan hidup adalah **jalan menuju kehidupan yang utuh dan bermakna**. Dengan melatih:

- Kesadaran diri dan refleksi secara rutin;
- Pengelolaan energi, waktu, dan prioritas;

- **Fokus pada pilar penting kehidupan:** kesehatan, hubungan, karier, hobi, dan rekreasi.

...kita dapat membangun:

- Kebahagiaan yang berkelanjutan;
- Produktivitas yang sejalan dengan nilai pribadi;
- Hubungan interpersonal yang harmonis;
- Hidup yang seimbang, sehat, dan bermakna.

Bab berikutnya, **Bab 22**, akan membahas **strategi menghadapi konflik interpersonal dan membangun komunikasi efektif**.

Bab 22

Menghadapi Konflik dan Membangun Komunikasi Efektif: Strategi Psikologi untuk Hubungan Harmonis

Pendahuluan: Mengapa Konflik Tidak Bisa Dihindari

Konflik adalah bagian alami dari hubungan manusia, baik dengan pasangan, keluarga, teman, atau rekan kerja. Psikologi sosial dan psikologi hubungan menekankan bahwa **cara kita menghadapi konflik dan berkomunikasi memengaruhi kualitas hubungan**. Konflik yang dikelola dengan baik dapat memperkuat ikatan, sementara konflik yang tidak terkendali dapat merusak kepercayaan dan harmoni.

Bab ini membahas:

- Dasar psikologi konflik interpersonal;
- Pola komunikasi yang efektif dan tidak efektif;
- Strategi penyelesaian konflik berdasarkan teori psikologi;
- Latihan praktis membangun komunikasi sehat dan hubungan harmonis.

Psikologi Konflik Interpersonal

Definisi Konflik

- Konflik terjadi ketika **kepentingan, kebutuhan, atau nilai seseorang bertabrakan dengan orang lain**;
- Konflik bisa bersifat:

1. **Internal**: pertentangan dalam diri sendiri;
2. **Eksternal**: pertentangan antara individu atau kelompok.

Jenis Konflik Interpersonal

1. **Konflik Tujuan**, ketika tujuan masing-masing pihak berbeda;
2. **Konflik Nilai**, ketika nilai atau prinsip bertentangan;
3. **Konflik Emosi**, akibat perasaan marah, kecewa, atau tersinggung;
4. **Konflik Komunikasi**, miskomunikasi atau salah paham.

Dampak Konflik

- **Positif**: jika dikelola dengan baik, konflik meningkatkan kreativitas, pemahaman, dan kedekatan;
- **Negatif**: jika tidak dikelola, konflik menimbulkan stres, ketidakpercayaan, dan keretakan hubungan.

Faktor Psikologis yang Memicu Konflik

Persepsi dan Interpretasi

- Konflik sering muncul bukan hanya dari fakta, tetapi **bagaimana kita menafsirkannya;**
- **Contoh:** pasangan terlambat 10 menit, satu pihak melihatnya sebagai ketidakhormatan, pihak lain melihatnya sebagai hal sepele.

Emosi

- Marah, cemburu, dan rasa tersinggung dapat memperburuk konflik;
- Psikologi emosi menunjukkan bahwa **reaksi impulsif sering menambah ketegangan.**

Komunikasi yang Tidak Efektif

- Kritik langsung, menyalahkan, atau menggeneralisasi ("Kamu selalu...") dapat memicu defensif dan konflik berkepanjangan.

Perbedaan Nilai dan Harapan

- Konflik muncul ketika orang memiliki **prioritas atau standar yang berbeda**, misalnya soal waktu, karier, atau parenting.

Pola Komunikasi yang Efektif dan Tidak Efektif

Komunikasi yang Efektif

- Berdasarkan prinsip psikologi hubungan, komunikasi efektif:
    1. **Jelas**, menyampaikan pesan dengan tepat;
    2. **Empatik**, memahami perspektif orang lain;
    3. **Non-defensif**, tidak menyerang balik saat dikritik;
    4. **Kolaboratif**, mencari solusi bersama.
- Teknik:
    - **I-Statements**: "Aku merasa... ketika kamu...";
    - **Active Listening**: mendengar penuh perhatian, ulangi inti pesan untuk memastikan pemahaman.

Komunikasi yang Tidak Efektif

- Kritik agresif, menyalahkan, mengabaikan perasaan lawan bicara;
- Menggunakan kata-kata absolut: "Kamu selalu..." atau "Kamu tidak pernah...";
- Tidak memberi kesempatan pihak lain berbicara.

Strategi Menghadapi Konflik Berdasarkan Psikologi

Pendekatan Kolaboratif

- Fokus pada **solusi win-win**, bukan siapa yang benar atau salah;
- Langkah:
    1. Identifikasi kebutuhan dan kepentingan masing-masing;
    2. Brainstorm solusi bersama;
    3. Pilih solusi yang memuaskan kedua pihak.

Mengatur Emosi

- Gunakan teknik psikologi:
    - Pernapasan sadar untuk menenangkan diri;
    - Menyadari emosi sebelum bereaksi;
    - Mindful pause untuk menghindari reaksi impulsif.

Refleksi Diri

- Sebelum menghadapi konflik, tanyakan:
    - Apakah saya menilai situasi secara objektif?
    - Apa tujuan utama saya dalam diskusi ini?

- Bagaimana sikap saya memengaruhi lawan bicara?

Time-Out Psikologis

- Jika emosi terlalu tinggi, beri jeda untuk menenangkan diri;
- Kembali ke diskusi setelah mood stabil dan pikiran lebih jernih.

Negosiasi dan Kompromi

- Tidak semua konflik bisa diselesaikan sepenuhnya;
- Cari titik kompromi yang tetap menghormati nilai dan kebutuhan masing-masing.

Teknik Komunikasi Efektif

Active Listening

- Fokus penuh pada lawan bicara;
- Ulangi inti pesan: "Jadi maksudmu...?"
- Hindari memotong atau menilai sebelum selesai mendengar.

I-Statements

- Mengungkapkan perasaan tanpa menyalahkan:
    - Salah: "Kamu membuatku kesal karena terlambat."
    - Benar: "Aku merasa kecewa ketika kita terlambat bertemu, karena aku menantikan waktu bersama."

Empati dan Validasi

- Akui perasaan lawan bicara: "Aku mengerti kamu merasa...";

- Validasi bukan berarti setuju, tapi menunjukkan pemahaman.

Fokus pada Masalah, Bukan Orang

- Hindari menyerang karakter lawan bicara;
- Fokus pada perilaku atau situasi yang bisa diperbaiki.

Positive Reinforcement

- Hargai usaha lawan bicara dalam menyelesaikan konflik;
- **Contoh:** "Terima kasih sudah mau mendengarkan perspektifku."

Strategi Penyelesaian Konflik Berdasarkan Psikologi Positif

Reframing Situasi

- Lihat konflik sebagai peluang belajar, bukan ancaman;
- **Contoh:** perbedaan pendapat = kesempatan memahami perspektif baru.

Problem-Solving Bersama

- Langkah-langkah:
    1. Identifikasi masalah nyata;
    2. Brainstorm solusi tanpa menilai;
    3. Pilih solusi yang realistis;
    4. Implementasikan dan evaluasi hasil.

Memisahkan Fakta dan Interpretasi

- Fokus pada fakta objektif, bukan asumsi atau prasangka;
- **Contoh:** "Kamu datang terlambat 15 menit" vs "Kamu tidak peduli padaku".

Penggunaan Humor Positif

- Humor yang bijak dapat meredakan ketegangan;
- Hindari humor sarkastik atau merendahkan lawan bicara.

Latihan Praktis Membangun Komunikasi Sehat

1. **Active Listening Exercise**
   - Latihan mendengar tanpa menyela, ulangi inti pesan lawan bicara.
2. **I-Statement Practice**
   - Setiap hari, ungkapkan satu perasaan menggunakan I-statement.
3. **Mindful Pause**
   - Ketika emosi muncul, tarik napas 3 kali, lalu respons dengan tenang.
4. **Conflict Journal**
   - Catat konflik yang terjadi, reaksi, solusi yang dicoba, dan pelajaran yang didapat.
5. **Role-Playing**
   - Latih skenario konflik dengan teman untuk belajar komunikasi efektif.

Contoh Kasus Nyata

Kasus 1: Konflik Pasangan

- **Masalah:** pasangan sering terlambat sehingga menimbulkan rasa kecewa;
- **Strategi:**
    1. Menggunakan I-statement untuk menyampaikan perasaan;
    2. Mendengarkan perspektif pasangan;
    3. Negosiasi jadwal bersama.
- **Hasil:** komunikasi lebih jelas, konflik terselesaikan tanpa pertengkaran.

Kasus 2: Konflik Teman Kerja

- **Masalah:** perbedaan pendapat dalam proyek tim;
- **Strategi:**
    1. Brainstorming solusi kolaboratif;
    2. Fokus pada fakta dan tujuan bersama;
    3. Validasi usaha masing-masing.
- **Hasil:** proyek tetap berjalan lancar, hubungan tetap harmonis.

Refleksi untuk Pembaca

Beberapa pertanyaan reflektif:

1. Bagaimana aku biasanya bereaksi saat konflik muncul?
2. Apakah reaksiku membantu menyelesaikan masalah atau memperburuknya?
3. Teknik komunikasi efektif mana yang ingin aku praktikkan minggu ini?
4. Bagaimana aku bisa menggunakan refleksi diri untuk memahami perspektif orang lain?
5. Apa langkah kecil yang bisa aku ambil untuk menghadapi konflik secara sehat?

Penutup

Konflik tidak bisa dihindari dalam kehidupan, tetapi **cara kita menghadapi dan berkomunikasi menentukan kualitas hubungan**. Dengan:

- Kesadaran diri dan refleksi;
- Teknik komunikasi yang efektif (I-statement, active listening, empati);
- Strategi penyelesaian konflik kolaboratif.

...kita dapat mengubah konflik menjadi **kesempatan belajar, memperkuat ikatan, dan membangun hubungan harmonis**.

Bab berikutnya, **Bab 23**, akan membahas **strategi mempertahankan kebahagiaan jangka panjang dan hubungan sehat**, melanjutkan tema keseimbangan dan refleksi diri.

Bab 23

Mempertahankan Kebahagiaan dan Hubungan Sehat: Strategi Jangka Panjang Berdasarkan Psikologi

Pendahuluan: Kebahagiaan dan Hubungan sebagai Proses Berkelanjutan

Kebahagiaan dan hubungan yang sehat bukanlah tujuan sekali jadi, melainkan **proses berkelanjutan yang membutuhkan kesadaran, refleksi, dan strategi**. Psikologi positif menekankan bahwa:

- **Kebahagiaan jangka panjang** bergantung pada keseimbangan internal (emosi, motivasi, nilai) dan eksternal (hubungan, lingkungan, aktivitas bermakna);
- **Hubungan yang sehat** memerlukan komunikasi efektif, empati, dan regulasi konflik yang konsisten.

Bab ini membahas:

1. Psikologi kebahagiaan jangka panjang;
2. Strategi mempertahankan hubungan sehat;
3. Integrasi refleksi diri, komunikasi, dan keseimbangan hidup;
4. Latihan praktis untuk kehidupan yang lebih harmonis dan bermakna.

Psikologi Kebahagiaan Jangka Panjang

Definisi Kebahagiaan

- Dalam psikologi, kebahagiaan tidak hanya **perasaan senang sesaat**, tetapi kombinasi:
    1. **Hedonic happiness**, kepuasan emosional dan kesenangan;
    2. **Eudaimonic happiness**, hidup bermakna, sesuai nilai dan tujuan.

Faktor-faktor Psikologis

1. **Kesadaran Diri dan Refleksi**, mengetahui nilai, tujuan, dan motivasi pribadi;
2. **Keseimbangan Emosi**, kemampuan mengelola emosi positif dan negatif;
3. **Hubungan Interpersonal yang Mendukung**, pasangan, keluarga, teman, komunitas;
4. **Aktivitas Bermakna**, pekerjaan, hobi, kontribusi sosial.

Penelitian Psikologi Positif

- Seligman (2002) dalam teori PERMA menunjukkan lima elemen kebahagiaan:
    1. **Positive Emotions**, emosi positif sehari-hari;
    2. **Engagement**, keterlibatan penuh dalam aktivitas;
    3. **Relationships**, hubungan yang mendukung;
    4. **Meaning**, memiliki tujuan dan makna hidup;
    5. **Achievement** – pencapaian realistis yang memuaskan.

Strategi Mempertahankan Kebahagiaan

Latihan Syukur (Gratitude)

- Menulis tiga hal yang disyukuri setiap hari;
- Psikologi menunjukkan praktik ini meningkatkan kepuasan hidup dan mengurangi stres.

Aktivitas yang Memberikan Arus (Flow)

- Lakukan aktivitas yang menantang namun menyenangkan, seperti hobi atau proyek kreatif;
- Flow meningkatkan keterlibatan dan motivasi intrinsik.

Mindfulness

- Berlatih hadir sepenuhnya di momen sekarang;
- Mengurangi kecemasan dan meningkatkan kepuasan hidup.

Refleksi dan Evaluasi Diri

- Evaluasi mingguan dan bulanan:
    - Apa yang membuat bahagia minggu ini?
    - Apa yang menguras energi dan harus dikurangi?
- Sesuaikan aktivitas dengan nilai dan tujuan

Pengelolaan Stres dan Emosi Negatif

- Latihan pernapasan, meditasi, atau aktivitas fisik;
- Fokus pada hal-hal yang bisa dikontrol, lepaskan yang tidak.

Menetapkan Tujuan Bermakna

- Tujuan jangka panjang yang selaras dengan nilai pribadi

meningkatkan kebahagiaan dan motivasi;
- Hindari tujuan yang hanya memenuhi ekspektasi orang lain atau tekanan sosial.

Strategi Mempertahankan Hubungan Sehat

Komunikasi yang Konsisten

- Terus praktikkan: I-statement, active listening, empati;
- Jangan hanya berkomunikasi saat terjadi konflik; komunikasi sehari-hari memperkuat ikatan.

Quality Time

- Luangkan waktu berkualitas, bukan sekadar kuantitas;
- **Contoh:** makan malam tanpa gangguan gadget, jalan-jalan bersama, atau diskusi ringan yang menyenangkan.

Pengelolaan Konflik Jangka Panjang

- Gunakan strategi kolaboratif, reframing, dan problem-solving;
- Hindari pola defensif dan menyalahkan yang merusak hubungan.

Dukungan Emosional

- Memberi dan menerima dukungan pada saat suka maupun duka;
- Psikologi sosial menunjukkan dukungan emosional meningkatkan kepuasan hubungan dan resilience.

Menghargai Perbedaan

- Sadari bahwa perbedaan nilai, minat, dan kebiasaan adalah wajar;
- Fokus pada kesamaan tujuan dan menghormati perbedaan.

Aktivitas Bersama yang Bermakna

- **Ikuti kegiatan bersama yang memperkuat ikatan:** olahraga, proyek kreatif, atau volunteer;
- Aktivitas bersama meningkatkan dopamin dan oxytocin, hormon yang memperkuat ikatan.

Integrasi Keseimbangan, Refleksi, dan Hubungan

Keseimbangan Hidup dan Hubungan

- Orang yang seimbang lebih mudah hadir secara emosional dalam hubungan;
- Memiliki waktu untuk diri sendiri meningkatkan kualitas interaksi dengan orang lain.

Refleksi Diri untuk Hubungan

- Evaluasi mingguan:
  - Bagaimana kontribusiku terhadap hubungan?
  - Apa yang bisa ditingkatkan minggu ini?
- Refleksi membantu mengurangi konflik dan meningkatkan empati.

Pengelolaan Energi

- Fokus pada kualitas energi, bukan hanya kuantitas waktu bersama;
- Hadir secara penuh lebih penting daripada hanya "bersama secara fisik".

Latihan Praktis Mempertahankan Kebahagiaan dan Hubungan

1. **Jurnal Syukur Harian**
    - Catat 3 hal yang disyukuri setiap hari;
    - Fokus pada hal positif dalam hidup dan hubungan.
2. **Weekly Reflection**
    - Evaluasi kebahagiaan dan keseimbangan:
        - Apa yang membuatku bahagia minggu ini?
        - Apa yang bisa diperbaiki minggu depan?
3. **Quality Time Planner**
    - Jadwalkan waktu khusus untuk pasangan, keluarga, atau teman;
    - Pastikan aktivitas meaningful dan bebas gangguan.
4. **Conflict Debriefing**
    - Setelah konflik, catat: penyebab, reaksiku, pelajaran, dan strategi perbaikan.
5. **Mindful Relationship Practice**
    - Luangkan 5 menit sehari untuk benar-benar mendengar pasangan atau teman tanpa interupsi;
    - Fokus pada perasaan dan perspektif mereka.
6. **Tujuan dan Nilai Check-In**
    - Bulanan: pastikan tujuan hidup dan aktivitas sehari-hari selaras dengan nilai dan prioritas pribadi.

Contoh Kasus Nyata

Kasus 1: Pasangan yang Ingin Hubungan Lebih Harmonis

- **Masalah:** rutinitas kerja membuat jarak emosional;
- **Strategi:** quality time 2x seminggu, weekly reflection, mindful communication;
- **Hasil:** meningkatnya kepuasan hubungan, komunikasi lebih terbuka, konflik berkurang.

Kasus 2: Profesional yang Kehilangan Motivasi

- **Masalah:** pekerjaan menekan, hidup terasa monoton;
- **Strategi:** menetapkan tujuan bermakna, aktivitas flow, weekly reflection;
- **Hasil:** motivasi kembali meningkat, keseimbangan hidup lebih stabil, stres berkurang.

Refleksi untuk Pembaca

Beberapa pertanyaan reflektif:

1. Apa yang paling membuatku bahagia saat ini, dan bagaimana mempertahankannya?
2. Pilar kehidupan mana yang kurang mendapat perhatian sehingga memengaruhi kebahagiaan?
3. Bagaimana aku bisa meningkatkan kualitas hubungan dengan pasangan, keluarga, dan teman?
4. Konflik apa yang masih berulang, dan strategi psikologis apa yang bisa diterapkan?
5. Langkah praktis apa yang bisa dilakukan minggu ini untuk kebahagiaan dan hubungan yang lebih sehat?

Penutup

Kebahagiaan dan hubungan sehat bukan tujuan instan, melainkan **proses yang terus berkembang**. Dengan strategi psikologi:

- Latihan syukur, mindfulness, dan refleksi diri;
- Keseimbangan hidup dan pengelolaan energi;
- Komunikasi efektif dan pengelolaan konflik.

...kita dapat membangun **kebahagiaan yang berkelanjutan dan hubungan interpersonal yang harmonis**.

Bab berikutnya, **Bab 24**, akan membahas **strategi membangun ketahanan psikologis dan fleksibilitas hidup**, agar pembaca mampu menghadapi perubahan, tantangan, dan ketidakpastian hidup.

Bab 24

Ketahanan Psikologis dan Fleksibilitas Hidup: Strategi untuk Menghadapi Tantangan

Pendahuluan: Pentingnya Ketahanan Psikologis

Ketahanan psikologis, atau resilience, adalah kemampuan seseorang untuk **bangkit kembali dari kesulitan, stres, dan kegagalan.** Psikologi modern menunjukkan bahwa resilience tidak hanya bawaan lahir, tetapi bisa **dikembangkan melalui latihan, strategi, dan refleksi diri.**

- Orang yang resilient lebih mampu:
  - Mengelola stres;
  - Menyesuaikan diri dengan perubahan hidup;
  - Mempertahankan hubungan interpersonal yang sehat;
  - Menjaga keseimbangan hidup.

Bab ini membahas:

1. Psikologi ketahanan psikologis;
2. Strategi mengembangkan resilience;
3. Fleksibilitas hidup untuk menghadapi perubahan;
4. Latihan praktis untuk menghadapi tekanan dan tantangan.

Psikologi Ketahanan Psikologis

Definisi dan Konsep

- Menurut American Psychological Association (APA), resilience adalah **proses adaptif terhadap kesulitan yang memungkinkan individu tumbuh dan berkembang meski mengalami stres atau trauma**;
- Resilience bukan berarti tidak merasakan kesedihan atau kesulitan, tetapi **kemampuan bangkit dan belajar dari pengalaman tersebut**.

Komponen Utama Resilience

1. **Kesadaran Diri (Self-awareness)**, memahami emosi, reaksi, dan pola perilaku;
2. **Regulasi Emosi (Emotional Regulation)**, mengelola emosi negatif dan tetap tenang dalam tekanan;
3. **Optimisme Realistis**, memandang tantangan sebagai peluang, bukan ancaman;
4. **Fleksibilitas Kognitif**, kemampuan menyesuaikan diri dan mencari solusi baru;
5. **Dukungan Sosial**, kemampuan membangun jaringan dukungan emosional;
6. **Makna dan Tujuan**, memiliki nilai dan tujuan hidup yang memberikan arah.

Penelitian Psikologi

- Fredrickson (2001) menunjukkan bahwa pengalaman emosi positif meningkatkan broaden-and-build effect, yaitu memperluas kemampuan berpikir kreatif dan membangun sumber daya psikologis untuk menghadapi tantangan;

- Teori Post-Traumatic Growth menunjukkan bahwa orang yang resilient tidak hanya pulih dari trauma, tetapi juga dapat mengalami pertumbuhan pribadi yang lebih besar.

Faktor yang Mempengaruhi Ketahanan Psikologis

Faktor Internal

- **Kepercayaan Diri:** keyakinan akan kemampuan diri sendiri untuk mengatasi kesulitan;
- **Keterampilan Koping:** strategi adaptif seperti problem-solving, reframing, dan self-talk positif;
- **Kesadaran Diri:** kemampuan mengenali pikiran dan emosi negatif.

Faktor Eksternal

- **Dukungan Sosial:** keluarga, teman, dan komunitas yang mendukung;
- **Lingkungan Positif:** lingkungan kerja atau sosial yang memberi ruang untuk berkembang;
- **Peluang Belajar dari Kesalahan:** kultur yang menerima kegagalan sebagai pembelajaran.

Strategi Membangun Ketahanan Psikologis

Refleksi dan Evaluasi Diri

- Lakukan refleksi rutin untuk memahami pola respons terhadap tekanan;
- Pertanyaan reflektif:

  - Apa yang memicu stres terbesar?
  - Bagaimana aku biasanya bereaksi?
  - Strategi mana yang efektif, mana yang tidak?

Pengelolaan Emosi

- Teknik psikologi:
  - **Mindfulness dan Meditasi:** meningkatkan kesadaran saat ini dan mengurangi reaktivitas emosional;
  - **Pernafasan Terpimpin:** membantu menenangkan sistem saraf;
  - **Jurnal Emosi:** menulis perasaan untuk memahami dan memprosesnya.

Reframing (Menyikapi Ulang Masalah)

- Mengubah cara pandang dari masalah menjadi **tantangan atau peluang belajar;**
- **Contoh:** kegagalan proyek bukan akhir, tetapi pelajaran untuk strategi berikutnya.

Penguatan Optimisme Realistis

- Fokus pada aspek yang bisa dikontrol dan solusi yang mungkin;
- Hindari berpikir absolut ("selalu gagal", "tidak ada harapan");
- Latihan afirmasi positif realistis: "Aku mampu menemukan jalan keluar".

Peningkatan Fleksibilitas Kognitif

- Latihan berpikir alternatif: mencari setidaknya 3 solusi untuk setiap masalah;
- Bersikap terbuka terhadap perspektif orang lain;

- Adaptasi terhadap perubahan situasi tanpa kehilangan tujuan.

Dukungan Sosial

- Bangun jaringan teman dan mentor yang mendukung secara emosional;
- Jangan menahan diri saat membutuhkan bantuan;
- Berbagi pengalaman dapat mengurangi beban emosional.

Aktivitas Fisik dan Kesehatan

- Olahraga rutin meningkatkan energi, regulasi emosi, dan daya tahan mental;
- Tidur cukup dan nutrisi seimbang memperkuat fungsi kognitif dan emosional.

Fleksibilitas Hidup: Kunci Menghadapi Perubahan

Definisi Fleksibilitas Hidup

- Fleksibilitas hidup adalah kemampuan **menyesuaikan diri dengan situasi baru, perubahan, atau ketidakpastian** tanpa kehilangan keseimbangan atau tujuan hidup.

Prinsip Psikologi Fleksibilitas

1. **Adaptasi Realistis**, menerima kenyataan yang ada dan menyesuaikan strategi;
2. **Kreativitas Problem-Solving**, mencari cara baru dalam menghadapi tantangan;
3. **Emosi Seimbang**, mampu tetap tenang dan rasional saat menghadapi perubahan;

4. **Kesadaran Nilai dan Tujuan**, tetap menjaga arah hidup walau metode berubah.

Strategi Praktis Fleksibilitas

- Identifikasi hal yang bisa dikontrol dan hal yang tidak;
- Fokus pada tindakan produktif, bukan kekhawatiran berlebihan;
- Gunakan pengalaman masa lalu sebagai panduan, bukan beban.

Integrasi Ketahanan, Fleksibilitas, dan Keseimbangan Hidup

- Ketahanan psikologis, fleksibilitas, dan keseimbangan hidup saling mendukung:
    - Resilience meningkatkan kemampuan menghadapi stres tanpa merusak keseimbangan;
    - Fleksibilitas memudahkan adaptasi saat menghadapi perubahan;
    - Keseimbangan hidup menjaga energi dan kualitas hubungan interpersonal.

Contoh Integrasi

- Seseorang kehilangan pekerjaan:
    - **Ketahanan**: tetap optimis, mengevaluasi keterampilan, dan membuat rencana baru;
    - **Fleksibilitas**: mempertimbangkan pekerjaan di bidang baru atau lokasi berbeda;
    - **Keseimbangan**: tetap menjaga waktu untuk keluarga, kesehatan, dan hobi.

Latihan Praktis Membangun Ketahanan dan Fleksibilitas

1. **Jurnal Resilience**
    - Tuliskan tantangan yang dihadapi, reaksi, dan pelajaran yang didapat;
    - Fokus pada apa yang bisa dipelajari dari pengalaman.
2. **Latihan Reframing**
    - Ambil satu masalah saat ini, tulis tiga cara pandang positif atau peluang dari masalah tersebut.
3. **Role-Playing Adaptasi**
    - Latih skenario perubahan hidup: pindah pekerjaan, konflik hubungan, atau kehilangan kesempatan;
    - Eksperimen strategi fleksibel dan problem-solving.
4. **Mindful Reflection**
    - Luangkan 10 menit setiap hari untuk menyadari emosi dan pikiran;
    - Perhatikan pola reaksi terhadap stres dan bagaimana bisa diperbaiki.
5. **Support Mapping**
    - Buat daftar orang yang bisa memberi dukungan emosional dan praktis;
    - Hubungi secara aktif saat menghadapi kesulitan.
6. **Optimism Practice**
    - Latih afirmasi realistis setiap pagi:
        - "Aku mampu menghadapi tantangan hari ini."
        - "Setiap masalah adalah kesempatan belajar."

Contoh Kasus Nyata

Kasus 1: Profesional yang Kehilangan Pekerjaan

- **Masalah:** PHK mendadak membuat stres dan kehilangan arah;
- **Strategi:**
    - Jurnal resilience untuk memproses emosi;
    - **Reframing:** peluang belajar keterampilan baru;
    - **Fleksibilitas:** melamar pekerjaan di bidang baru.
- **Hasil:** menemukan pekerjaan baru yang lebih sesuai nilai dan tetap menjaga keseimbangan hidup.

Kasus 2: Pasangan Menghadapi Perubahan Hidup

- **Masalah:** pasangan pindah ke kota lain karena pekerjaan;
- **Strategi:**
    - Komunikasi konsisten, perencanaan quality time jarak jauh;
    - Fokus pada dukungan emosional dan fleksibilitas jadwal.
- **Hasil:** hubungan tetap harmonis dan lebih kuat menghadapi perubahan.

Refleksi untuk Pembaca

Beberapa pertanyaan reflektif:

1. Bagaimana aku biasanya menghadapi perubahan atau tekanan hidup?
2. Pola reaksi mana yang merugikan dan mana yang membantu?
3. Latihan resilience dan fleksibilitas mana yang ingin aku terapkan minggu ini?
4. Dukungan sosial apa yang aku miliki, dan bagaimana aku bisa memanfaatkannya lebih baik?
5. Bagaimana aku bisa tetap menjaga keseimbangan hidup saat menghadapi stres atau perubahan?

Penutup

Ketahanan psikologis dan fleksibilitas hidup adalah **keterampilan yang dapat dilatih**. Dengan strategi psikologis:

- Refleksi diri dan evaluasi rutin;
- Reframing masalah menjadi peluang;
- Pengelolaan emosi dan optimisme realistis;
- Fleksibilitas kognitif dan adaptasi terhadap perubahan;
- Dukungan sosial dan keseimbangan hidup.

...kita dapat menghadapi tantangan hidup, menjaga hubungan sehat, dan mempertahankan kebahagiaan jangka panjang.

Bab terakhir, **Bab 25**, akan membahas **strategi menyatukan seluruh pembelajaran buku menjadi kehidupan yang seimbang, bahagia, dan bermakna**, sebagai penutup dari perjalanan psikologi cinta dan hubungan.

Bab 25

Hidup Seimbang, Bahagia, dan Bermakna: Integrasi Strategi Psikologi dalam Kehidupan Sehari-hari

Pendahuluan: Mengapa Bab Ini Penting

Selama 24 bab sebelumnya, kita telah mempelajari:

- Pola pikir dan perilaku manusia (Bab 1–5);
- Emosi, stres, dan kebiasaan berpikir (Bab 6–10);
- Hubungan interpersonal dan konflik (Bab 11–15);
- Psikologi kebahagiaan dan kesadaran diri (Bab 16–20);
- Refleksi dan strategi keseimbangan hidup (Bab 21–24).

Bab 25 berfungsi sebagai **panduan integratif**, mengajarkan bagaimana semua strategi psikologi ini bisa diterapkan secara simultan untuk **hidup yang harmonis, bahagia, dan bermakna**, baik dalam hubungan maupun kehidupan pribadi.

Menyatukan Keseimbangan Diri dan Hubungan

Keseimbangan Internal

- Menjaga keseimbangan internal berarti memahami diri sendiri, mengelola emosi, dan menetapkan tujuan yang bermakna;
- **Strategi:**
    1. **Refleksi rutin**: evaluasi perasaan, kebiasaan, dan pencapaian;

2. **Mindfulness**: hadir sepenuhnya di setiap momen;
3. **Self-care**: aktivitas fisik, tidur cukup, nutrisi, dan hobi.

Keseimbangan Eksternal

- Hubungan sehat dan lingkungan sosial yang mendukung memengaruhi kebahagiaan dan ketahanan.
- **Strategi:**
    - Komunikasi efektif (I-statement, active listening);
    - Pengelolaan konflik kolaboratif;
    - Quality time dengan orang terdekat.

Sinergi Internal dan Eksternal

- Keseimbangan diri memengaruhi hubungan: orang yang sadar diri dan resilient lebih mampu membangun hubungan sehat;
- Hubungan yang sehat juga meningkatkan kebahagiaan dan resilience individu;
- Psikologi sosial menekankan reciprocal benefit: memberi dukungan juga memperkuat diri sendiri.

Strategi Psikologi untuk Kehidupan yang Bermakna

Mengidentifikasi Nilai dan Tujuan

- Tujuan tanpa nilai mudah membuat stres dan kebingungan;
- **Latihan:**
    1. Tuliskan nilai inti hidup (misalnya keluarga, kreativitas, kesehatan, kontribusi sosial);
    2. Pastikan setiap aktivitas utama selaras dengan nilai

ini.

Kehidupan yang Bermakna

- Psikologi positif menyebut eudaimonic happiness, kebahagiaan dari hidup bermakna;
- Aktivitas bermakna: membantu orang lain, belajar, menciptakan sesuatu, atau mengejar passion.

Strategi Integrasi Harian

- Rencanakan hari dengan keseimbangan: aktivitas menyenangkan, produktif, dan sosial;
- Evaluasi akhir hari: apakah aktivitas mendukung nilai dan tujuan hidup?

Mengelola Emosi dan Stres Secara Berkelanjutan

Kesadaran Emosi

- Sadari perasaan tanpa menilai;
- Gunakan jurnal atau refleksi 10 menit sehari untuk memahami reaksi emosional.

Regulasi Emosi

- Teknik: mindfulness, pernapasan, self-talk positif, reframing situasi;
- Psikologi menunjukkan bahwa regulasi emosi mengurangi konflik, meningkatkan hubungan, dan memperkuat resilience.

Mengubah Stres menjadi Energi Positif

- **Perspektif:** stres = sinyal untuk adaptasi dan pertumbuhan;
- **Strategi coping:** fokus pada solusi, fleksibilitas, dan dukungan sosial.

Hubungan Sehat sebagai Pondasi Kehidupan

Komunikasi Berkelanjutan

- Tidak hanya saat konflik, tapi setiap hari: mendengarkan, berbagi perasaan, memberi apresiasi.

Penyelesaian Konflik Kolaboratif

- Gunakan strategi yang telah dipelajari: reframing, problem-solving, kompromi, dan pengelolaan emosi.

Dukungan Sosial dan Empati

- Memberi dan menerima dukungan meningkatkan rasa aman dan bahagia;
- Aktivitas sosial yang bermakna memperkuat keterikatan emosional.

Menjaga Hubungan Jangka Panjang

- Quality time, ritual kebersamaan, penghargaan terhadap usaha pasangan atau teman;
- Memahami perbedaan nilai dan menyesuaikan diri secara fleksibel.

Ketahanan Psikologis sebagai Kunci Menghadapi Kehidupan

Fleksibilitas dan Adaptasi

- Kehidupan penuh perubahan, ketidakpastian, dan tantangan;
- Fleksibilitas kognitif dan adaptasi strategi menghadapi masalah adalah kunci resilience.

Post-Traumatic Growth

- Orang yang resilient bisa mengalami pertumbuhan setelah kesulitan;
- Contoh: kehilangan pekerjaan → menemukan karier baru yang lebih memuaskan.

Strategi Praktis

1. Jurnal resilience: menulis pengalaman, pelajaran, dan strategi coping;
2. Reframing masalah menjadi tantangan dan peluang;
3. Memanfaatkan dukungan sosial dan menjaga keseimbangan diri.

Integrasi Semua Konsep Psikologi

Pola Pikiran dan Perilaku

- Sadari pola pikir yang merugikan: perfectionism, generalisasi negatif, self-blame;
- Latihan mengganti pola negatif dengan pola adaptif dan realistis.

Emosi dan Hubungan

- Emosi yang dikelola dengan baik meningkatkan kualitas hubungan;
- Hubungan yang sehat memberi energi positif untuk kesejahteraan emosional.

Kebahagiaan dan Keseimbangan Hidup

- Kombinasi refleksi diri, aktivitas bermakna, hubungan sehat, dan ketahanan psikologis menciptakan kebahagiaan berkelanjutan.

Siklus Positif

- Keseimbangan diri → hubungan sehat → kebahagiaan → ketahanan → kemampuan menghadapi tantangan → kembali ke keseimbangan diri.

Latihan Praktis Integratif

1. **Jurnal Harian Integratif**
    - Catat perasaan, pengalaman positif, konflik, dan pelajaran yang didapat;
    - Evaluasi apakah aktivitas selaras dengan nilai dan tujuan hidup.
2. **Weekly Reflection**
    - Evaluasi hubungan, emosi, dan kebahagiaan: apa yang berjalan baik, apa yang perlu diperbaiki.
3. **Daily Mindfulness Practice**
    - Latihan hadir penuh di setiap momen, terutama dalam interaksi sosial.
4. **Goal Alignment Exercise**

    - Pastikan tujuan jangka pendek dan aktivitas harian sesuai nilai hidup.
5. **Support and Gratitude**
    - Beri dan terima dukungan sosial;
    - Latihan syukur terhadap orang terdekat.
6. **Resilience and Flexibility Drill**
    - Latih berpikir alternatif untuk masalah yang muncul;
    - Fokus pada apa yang bisa dikontrol dan adaptasi dengan hal yang tidak bisa dikontrol.

Contoh Kasus Nyata Integratif

Kasus 1: Profesional yang Sibuk dan Kehilangan Keseimbangan

- **Masalah:** pekerjaan padat, stres, hubungan mulai renggang;
- **Strategi integratif:**
    - Mindfulness harian untuk mengelola stres;
    - Quality time dengan keluarga;
    - Jurnal evaluasi mingguan untuk menyesuaikan tujuan dan aktivitas.
- **Hasil:** keseimbangan pulih, hubungan membaik, produktivitas meningkat

Kasus 2: Pasangan Menghadapi Tantangan Hidup Bersama

- **Masalah:** pindah kota, konflik pekerjaan, anak-anak, dan stres finansial
- **Strategi:**
    - Komunikasi efektif dan penyelesaian konflik kolaboratif;
    - Dukungan emosional dan aktivitas bersama bermakna;
    - Refleksi diri dan fleksibilitas dalam menghadapi

perubahan.

- Hasil: hubungan lebih solid, stres berkurang, keluarga lebih harmonis

Refleksi Terakhir untuk Pembaca

Pertanyaan reflektif integratif:

1. Bagaimana aku bisa mengintegrasikan keseimbangan diri, hubungan, dan ketahanan psikologis dalam kehidupan sehari-hari?
2. Apa pola pikir atau kebiasaan yang masih menghambat kebahagiaan dan hubungan sehat?
3. Strategi psikologi mana yang ingin aku praktikkan mulai hari ini?
4. Bagaimana aku bisa membuat hidup lebih bermakna dengan memanfaatkan setiap pengalaman, termasuk tantangan?
5. Apa satu tindakan kecil yang bisa aku lakukan sekarang untuk meningkatkan kualitas hidup dan hubungan?

Penutup

Kehidupan yang bahagia dan hubungan yang sehat bukanlah hasil kebetulan. Mereka adalah **produk dari refleksi diri, pengelolaan emosi, komunikasi efektif, ketahanan, fleksibilitas, dan aktivitas bermakna**.

Dengan **strategi psikologi yang telah dipelajari sepanjang buku ini**, pembaca dapat:

- Menghadapi konflik dengan bijak;
- Mengelola stres dan emosi negatif;
- Membangun hubungan yang sehat dan harmonis;
- Menemukan kebahagiaan yang berkelanjutan;

- Menghadapi perubahan hidup dengan resilience dan fleksibilitas;
- Menjalani kehidupan yang seimbang, bermakna, dan memuaskan.

Akhirnya, perjalanan psikologi cinta dan hubungan ini bukan hanya tentang memahami orang lain, tetapi juga **memahami diri sendiri**. Kesadaran, empati, dan refleksi diri adalah kunci untuk hidup yang lebih kaya, penuh cinta, dan bahagia.

Buku ini berakhir dengan pesan bahwa **hubungan dan kebahagiaan adalah proses yang terus berkembang**, dan dengan strategi psikologi, setiap individu memiliki kemampuan untuk membentuk kehidupan yang harmonis dan bermakna.

Rangkuman

Buku Psikologi Cinta dan Hubungan membahas secara mendalam **perilaku manusia, dinamika hubungan interpersonal, pengembangan emosi, dan strategi membangun kehidupan yang seimbang dan bermakna**. Dengan pendekatan psikologi populer, buku ini menggunakan contoh nyata dan bahasa ringan sehingga pembaca dapat memahami konsep teoritis sekaligus menerapkannya dalam kehidupan sehari-hari.

Buku ini dibagi menjadi lima segmen utama:

1. Pengantar psikologi dan pola pikir manusia (Bab 1–5);
2. Emosi, stres, dan kebiasaan berpikir (Bab 6–10);
3. Hubungan interpersonal dan konflik (Bab 11–15);
4. Psikologi kebahagiaan dan kesadaran diri (Bab 16–20);
5. Refleksi dan strategi keseimbangan hidup (Bab 21–25).

Pengantar Psikologi dan Pola Pikir Manusia (Bab 1–5)

Bab 1: Memahami Psikologi Diri Sendiri

Bab pertama menekankan bahwa **pemahaman diri adalah fondasi untuk hubungan yang sehat dan kebahagiaan pribadi.** Konsep inti:

- **Kesadaran diri (self-awareness):** mengenali emosi, motivasi, dan nilai pribadi;
- **Pola pikir (mindset):** fixed vs growth mindset memengaruhi cara kita menghadapi tantangan dan interaksi sosial;
- **Contoh praktis:** jurnal harian dan refleksi diri membantu mengenali pola perilaku dan reaksi emosional.

Bab 2: Otak, Pikiran, dan Perilaku

Bab ini membahas hubungan antara **struktur otak, emosi, dan perilaku**.

- Otak limbik terkait emosi, prefrontal cortex terkait pengambilan keputusan;
- Pola perilaku dapat diubah melalui kesadaran dan latihan (neuroplasticity);
- **Strategi:** mindfulness, self-talk positif, dan pengaturan rutinitas membantu membentuk perilaku adaptif.

Bab 3: Persepsi dan Realitas

- Persepsi individu sering dipengaruhi bias kognitif;
- Memahami persepsi diri dan orang lain penting untuk komunikasi efektif dan hubungan harmonis;
- **Latihan praktis:** evaluasi asumsi dan perspektif orang lain sebelum bereaksi.

Bab 4: Motivasi dan Tujuan Hidup

- Motivasi intrinsik vs ekstrinsik memengaruhi kepuasan hidup;
- Tujuan hidup yang selaras dengan nilai pribadi meningkatkan makna dan daya tahan psikologis;
- **Strategi:** tentukan tujuan jangka pendek dan panjang, dan pastikan selaras dengan nilai inti.

Bab 5: Pola Pikir dalam Hubungan

- Pola pikir memengaruhi bagaimana kita berinteraksi dengan pasangan, teman, dan keluarga;
- **Contoh:** pola berpikir defensif bisa memicu konflik; growth

mindset memfasilitasi kompromi dan kolaborasi.

- **Latihan:** refleksi harian tentang interaksi sosial dan evaluasi pola pikir.

Emosi, Stres, dan Kebiasaan Berpikir (Bab 6–10)

Bab 6: Memahami Emosi

- Emosi adalah sinyal penting untuk kebutuhan dan nilai pribadi;
- **Kategori emosi:** positif (bahagia, puas) dan negatif (marah, cemas);
- **Strategi:** labeling emosi dan memahami penyebabnya meningkatkan regulasi diri.

Bab 7: Stres dan Respon Tubuh

- Stres bersifat adaptif jika dikelola dengan baik; maladaptif jika kronis;
- **Strategi coping:** pernapasan, olahraga, meditasi, dan problem-solving.

Bab 8: Kognisi dan Kebiasaan Berpikir

- Pola pikir negatif seperti overgeneralization, catastrophizing, dan self-blame dapat merusak kebahagiaan;
- **Strategi:** cognitive restructuring, reframing, dan afirmasi positif.

Bab 9: Mindfulness dan Kehadiran Penuh

- Latihan mindfulness meningkatkan kesadaran diri, mengurangi stres, dan meningkatkan kualitas hubungan;
- **Praktik sederhana:** fokus pada pernapasan, hadir saat berinteraksi, dan observasi tanpa menilai.

Bab 10: Motivasi dan Penguatan Emosi Positif

- Penguatan positif dan aktivitas yang membawa flow (flow state) meningkatkan motivasi intrinsik dan kesejahteraan emosional;
- **Strategi:** jadwalkan aktivitas bermakna, temukan passion, dan evaluasi pengalaman secara reflektif.

Hubungan Interpersonal dan Konflik (Bab 11–15)

Bab 11: Dasar Hubungan Interpersonal

- **Hubungan manusia dipengaruhi oleh kebutuhan emosional:** kasih sayang, pengakuan, dan rasa aman;
- Komunikasi dan empati adalah kunci membangun ikatan yang sehat.

Bab 12: Dinamika Konflik

- Konflik adalah hal normal; yang menentukan kualitas hubungan adalah **cara mengelolanya**;
- **Strategi:** reframing, kompromi, dan komunikasi kolaboratif.

Bab 13: Komunikasi Efektif

- **Teknik penting:** active listening, I-statement, dan feedback konstruktif;

- **Tujuan:** meningkatkan pemahaman dan mengurangi kesalahpahaman.

Bab 14: Memperkuat Ikatan Emosional

- Aktivitas bersama, apresiasi, dan dukungan emosional memperkuat keterikatan;
- **Contoh praktis:** quality time, ritual pasangan, hobi bersama, dan apresiasi kecil harian.

Bab 15: Konflik dalam Hubungan Jangka Panjang

- Hubungan jangka panjang menghadapi tantangan rutin: stres pekerjaan, perbedaan nilai, anak, finansial;
- **Strategi:** fleksibilitas, komunikasi terbuka, empati, dan dukungan sosial.

Psikologi Kebahagiaan dan Kesadaran Diri (Bab 16–20)

Bab 16: Kesadaran Diri dan Kebahagiaan

- Mengenal diri dan menerima kekurangan meningkatkan kesejahteraan psikologis;
- **Latihan:** refleksi nilai, tujuan hidup, dan pengelolaan emosi.

Bab 17: Emosi Positif dan Kepuasan Hidup

- Teori PERMA (Positive emotions, Engagement, Relationships, Meaning, Achievement) sebagai panduan kebahagiaan;

- **Praktik:** fokus pada hal-hal positif, keterlibatan penuh, hubungan mendukung, aktivitas bermakna, dan pencapaian realistis.

Bab 18: Mengelola Stres untuk Kebahagiaan

- Stres kronis mengurangi kepuasan hidup;
- **Strategi:** mindfulness, olahraga, aktivitas flow, dan dukungan sosial.

Bab 19: Self-compassion dan Resilience

- Self-compassion membantu menghadapi kegagalan tanpa kritik diri berlebihan;
- Resilience dibangun melalui refleksi, coping adaptif, dan fleksibilitas kognitif.

Bab 20: Integrasi Kesejahteraan dan Hubungan

- Kebahagiaan jangka panjang berasal dari keseimbangan internal, hubungan sehat, dan aktivitas bermakna;
- **Latihan:** evaluasi mingguan, refleksi diri, dan quality time rutin.

Refleksi dan Strategi Keseimbangan Hidup (Bab 21–25)

Bab 21–22: Strategi Keseimbangan Hidup

- Mengelola energi, waktu, dan prioritas untuk menjaga keseimbangan antara pekerjaan, hubungan, dan diri sendiri;

- **Teknik praktis:** journaling, weekly reflection, quality time, mindfulness, dan aktivitas bermakna.

Bab 23: Mempertahankan Kebahagiaan dan Hubungan Sehat

- Fokus pada kebahagiaan jangka panjang, komunikasi efektif, pengelolaan konflik, dan quality time;
- **Strategi:** gratitude practice, mindful relationship, goal alignment, dan refleksi mingguan.

Bab 24: Ketahanan Psikologis dan Fleksibilitas Hidup

- Resilience dan fleksibilitas membantu menghadapi perubahan, stres, dan tantangan;
- **Strategi:** journaling resilience, reframing masalah, optimisme realistis, dukungan sosial, dan latihan adaptasi.

Bab 25: Integrasi Keseluruhan

- Semua konsep digabungkan menjadi **strategi kehidupan seimbang, bahagia, dan bermakna**;
- **Fokus:** kesadaran diri, pengelolaan emosi, hubungan sehat, aktivitas bermakna, ketahanan, dan fleksibilitas;
- **Prinsip inti:** hidup yang harmonis adalah hasil **proses berkelanjutan yang menggabungkan refleksi, adaptasi, dan hubungan interpersonal yang positif.**

Strategi Praktis Ringkasan Seluruh Buku

1. **Refleksi Harian dan Mingguan**
    - Catat perasaan, pengalaman, konflik, dan pelajaran.
2. **Mindfulness dan Kehadiran Penuh**
    - Fokus saat berinteraksi, meditasi, dan hadir di

momen sekarang.

3. **Quality Time dalam Hubungan**
    - Luangkan waktu bermakna dengan pasangan, keluarga, atau teman.
4. **Gratitude Practice**
    - Syukuri pengalaman positif, hubungan, dan pencapaian.
5. **Reframing dan Optimisme Realistis**
    - Lihat masalah sebagai peluang belajar, fokus pada hal yang bisa dikontrol.
6. **Fleksibilitas Kognitif dan Adaptasi**
    - Cari solusi alternatif dan sesuaikan strategi saat menghadapi perubahan.
7. **Tujuan dan Nilai yang Selaras**
    - Pastikan aktivitas harian mendukung nilai inti dan tujuan hidup.
8. **Pengelolaan Emosi dan Stres**
    - Teknik pernapasan, olahraga, journaling, dan self-talk positif.
9. **Dukungan Sosial**
    - Bangun jaringan pendukung emosional dan saling berbagi pengalaman.
10. **Aktivitas Bermakna dan Flow**
    - Cari hobi, pekerjaan, atau proyek yang memberi keterlibatan dan kepuasan intrinsik.
11. **Self-compassion dan Evaluasi Diri**
    - Hadapi kegagalan tanpa kritik diri berlebihan, evaluasi pola pikir secara rutin.

Contoh Integrasi Konsep dalam Kehidupan Sehari-hari

1. **Seorang Profesional Sibuk**
    - **Masalah:** stres pekerjaan, jarak emosional dengan pasangan;
    - **Strategi:** mindfulness pagi, quality time malam, jurnal refleksi mingguan, aktivitas flow;
    - **Hasil:** keseimbangan hidup meningkat, hubungan harmonis, produktivitas stabil.
2. **Pasangan Menghadapi Tantangan**
    - **Masalah:** pindah kota, konflik pekerjaan, tanggung jawab anak;
    - **Strategi:** komunikasi terbuka, dukungan emosional, fleksibilitas, refleksi bersama;
    - **Hasil:** hubungan lebih solid, stres berkurang, keluarga harmonis.
3. **Individu Menghadapi Kegagalan Karier**
    - **Masalah:** kehilangan pekerjaan dan motivasi;
    - **Strategi:** reframing, pengembangan skill baru, dukungan sosial, evaluasi nilai dan tujuan;
    - **Hasil:** menemukan pekerjaan baru yang sesuai passion, resilience meningkat.

Kesimpulan

Buku ini menyampaikan pesan utama: **hubungan yang sehat dan kebahagiaan jangka panjang adalah hasil proses berkelanjutan**, bukan pencapaian instan. Strategi psikologi yang diterapkan secara konsisten dapat membantu pembaca:

- Memahami diri dan orang lain;

- Mengelola emosi, stres, dan konflik;
- Membangun hubungan harmonis dan mendukung;
- Menemukan tujuan hidup dan aktivitas bermakna;
- Menghadapi tantangan dengan resilience dan fleksibilitas;
- Menjaga keseimbangan hidup agar bahagia dan sejahtera.

Akhirnya, buku ini menegaskan bahwa **psikologi cinta dan hubungan bukan hanya tentang orang lain**, tetapi juga tentang **mengembangkan diri, memahami nilai, dan menjalani kehidupan yang penuh makna**. Dengan strategi yang konsisten, pembaca dapat membentuk **kehidupan yang harmonis, produktif, dan memuaskan**, sambil mempertahankan hubungan yang sehat dan mendukung.

Indeks

Daftar Pustaka

Buku Psikologi Umum dan Cinta

1. **Aron, A., & Aron, E. N. (1997). Love and the Expansion of the Self: Understanding Attraction and Satisfaction. New York: Psychology Press.**
2. **Baumeister, R. F., & Leary, M. R. (1995). The Need to Belong: Desire for Interpersonal Attachments as a Fundamental Human Motivation. New York: Guilford Press.**

3. Becker, G. (1993). The Human Mind: Psychology for Everyday Life. Boston: Houghton Mifflin.
4. Berscheid, E., & Regan, P. (2005). The Psychology of Interpersonal Relationships. Upper Saddle River, NJ: Pearson Education.
5. Cacioppo, J., & Patrick, W. (2008). Loneliness: Human Nature and the Need for Social Connection. New York: W.W. Norton & Company.

Psikologi Positif dan Kebahagiaan

1. Csikszentmihalyi, M. (1990). Flow: The Psychology of Optimal Experience. New York: Harper & Row.
2. Diener, E., & Biswas-Diener, R. (2008). Happiness: Unlocking the Mysteries of Psychological Wealth. Malden, MA: Blackwell Publishing.
3. Lyubomirsky, S. (2007). The How of Happiness: A Scientific Approach to Getting the Life You Want. New York: Penguin Press.
4. Seligman, M. E. P. (2011). Flourish: A Visionary New Understanding of Happiness and Well-being. New York: Free Press.
5. Seligman, M. E. P. (2002). Authentic Happiness: Using the New Positive Psychology to Realize Your Potential for Lasting Fulfillment. New York: Free Press.

Emosi, Mindfulness, dan Regulasi Diri

1. Gross, J. J. (2015). Emotion Regulation: Conceptual and Practical Issues. New York: Guilford Press.
2. Kabat-Zinn, J. (2013). Full Catastrophe Living: Using the Wisdom of Your Body and Mind to Face Stress, Pain, and Illness. New York: Bantam Books.
3. Neff, K. D. (2011). Self-Compassion: The Proven Power of Being Kind to Yourself. New York: William Morrow.
4. LeDoux, J. (1996). The Emotional Brain: The Mysterious

Underpinnings of Emotional Life. New York: Simon & Schuster.

5. Siegel, D. J. (2010). The Mindful Therapist: A Clinician's Guide to Mindsight and Neural Integration. New York: W.W. Norton & Company.

Hubungan Interpersonal dan Konflik

1. Gottman, J. M., & Silver, N. (2015). The Seven Principles for Making Marriage Work. New York: Harmony Books.
2. Markman, H. J., Stanley, S. M., & Blumberg, S. L. (2010). Fighting for Your Marriage: Positive Steps for Preventing Divorce and Preserving a Lasting Love. San Francisco: Jossey-Bass.
3. Tannen, D. (2001). You Just Don't Understand: Women and Men in Conversation. New York: Ballantine Books.
4. Johnson, S. M. (2019). Hold Me Tight: Seven Conversations for a Lifetime of Love. New York: Little, Brown and Company.
5. Reis, H. T., & Aron, A. (2008). Love: What It Is, Why It Matters, and How to Make It Last. Malden, MA: Blackwell Publishing.

Psikologi Sosial dan Perilaku

1. Bandura, A. (1977). Social Learning Theory. Englewood Cliffs, NJ: Prentice Hall.
2. Deci, E. L., & Ryan, R. M. (2000). Self-Determination Theory and the Facilitation of Intrinsic Motivation, Social Development, and Well-Being. American Psychologist, 55(1), 68–78.
3. Cialdini, R. B. (2006). Influence: The Psychology of Persuasion. New York: Harper Business.
4. Myers, D. G. (2020). Social Psychology (13th ed.). New York: McGraw-Hill Education.
5. Baumeister, R. F. (1999). The Self in Social Psychology. Philadelphia: Psychology Press.

Psikologi Perkembangan dan Otak

1. Siegel, D. J. (2012). The Developing Mind: How Relationships and the Brain Interact to Shape Who We Are. New York: Guilford Press.
2. Goleman, D. (1995). Emotional Intelligence: Why It Can Matter More Than IQ. New York: Bantam Books.
3. Shonkoff, J. P., & Phillips, D. A. (2000). From Neurons to Neighborhoods: The Science of Early Childhood Development. Washington, DC: National Academy Press.
4. Damasio, A. R. (1999). The Feeling of What Happens: Body and Emotion in the Making of Consciousness. New York: Harcourt.
5. LeDoux, J. (2002). Synaptic Self: How Our Brains Become Who We Are. New York: Viking Penguin.

Artikel dan Jurnal Terkait

1. Baumeister, R. F., & Leary, M. R. (1995). The Need to Belong: Desire for Interpersonal Attachments as a Fundamental Human Motivation. Psychological Bulletin, 117(3), 497–529.
2. Deci, E. L., & Ryan, R. M. (1985). Intrinsic Motivation and Self-Determination in Human Behavior. New York: Plenum Press.
3. Reis, H. T., & Shaver, P. (1988). Intimacy as an Interpersonal Process. In S. Duck (Ed.), Handbook of Personal Relationships (pp. 367–389). Chichester, UK: Wiley.
4. Fredrickson, B. L. (2001). The Role of Positive Emotions in Positive Psychology: The Broaden-and-Build Theory of Positive Emotions. American Psychologist, 56(3), 218–226.
5. Mikulincer, M., & Shaver, P. R. (2007). Attachment in Adulthood: Structure, Dynamics, and Change. New York: Guilford Press.

Don't miss out!

Visit the website below and you can sign up to receive emails whenever Dayat Suryana publishes a new book. There's no charge and no obligation.

https://books2read.com/r/B-A-WJVDD-FWGCJ

BOOKS 2 READ

Connecting independent readers to independent writers.

Did you love *Psikologi Cinta dan Hubungan*? Then you should read *Catatan Harian Sang Penjelajah* by Dayat Suryana!

"Setiap pulau menyimpan rahasianya... dan harta karun yang tak ternilai."

Raka, seorang remaja penuh rasa ingin tahu, memulai perjalanan epik menjelajahi pulau-pulau misterius bersama teman-temannya. Di setiap pulau, mereka bertemu makhluk aneh, budaya unik, dan tantangan yang menguji keberanian serta persahabatan mereka.

Namun, pulau-pulau ini tidak hanya indah, mereka menyimpan harta karun tersembunyi yang bisa mengubah dunia. Dari petualangan di hutan gelap hingga pertarungan energi yang menegangkan, setiap langkah membawa mereka lebih dekat pada misteri yang lebih besar daripada yang pernah mereka bayangkan.

Apakah mereka cukup berani untuk menemukan harta karun sejati, atau akankah rahasia pulau tetap tersembunyi selamanya?

Sebuah manga yang memadukan aksi, persahabatan, dan misteri, mengajak pembaca menjelajah dunia penuh petualangan dan harta karun yang menanti untuk ditemukan.

About the Publisher

We are a publishing house dedicated to producing quality works in both general nonfiction and fiction. Our mission is to inspire, inform, and engage readers through meaningful and well-crafted books.

Read more at https://dayatsuryana.my.id.

www.ingramcontent.com/pod-product-compliance
Lightning Source LLC
LaVergne TN
LVHW052309200926
848481LV00002B/514
9798233723957